BURMA

# BURMA

NEUE REISEN IN DAS LAND AUS GOLD

DIRK BLEYER
JAKOB STROBEL Y SERRA

KNESEBECK

INHALT

Burma –
Das Land der Hoffnung — 6

Rangun –
Der lange Weg in die Freiheit — 10

Irrawaddy –
Fortschrittsglaube und Traditionstreue — 40

Bagan –
Geschichte zwischen Glaube und Macht — 66

Mandalay –
Die Allgegenwart Buddhas — 96

Vielvölkerstaat –
Ein Land mit tausend Gesichtern — 130

Inle-See – Wunderglaube und
Geisterbeschwörung — 162

# Burma – Das Land der Hoffnung

OBEN Voll bepackt und frohgemut: So unkonventionell reisen die Burmesen über Land.

Burma ist das Land der Hoffnung – das Land, das uns an unserem Glauben an die Menschheit festhalten lässt und das uns zeigt, dass historische und politische Entwicklungen auch ein Gutes haben können. Länder der Hoffnung sind selten geworden. Manchmal könnte man fast verzweifeln angesichts des Sperrfeuers apokalyptischer Nachrichten, mit denen wir Tag für Tag bombardiert werden. Überall scheint die Welt in Flammen oder am Abgrund zu stehen, in Terror oder Bruderkrieg zu versinken, die Hoffnung und den Glauben zu verlieren. Aus Burma aber erreichen uns seit ein paar Jahren ganz andere Signale: Das Land tritt unbeirrt und festen Schrittes aus der Finsternis des Schreckens ins Licht der Freiheit, ohne dass irgendwelche bösen Mächte es daran hindern könnten. Und da Burma nicht nur das Land der Hoffnung ist, sondern auch der Schönheit und des Sanftmuts, gibt es derzeit kein lohnenderes Reiseziel in Asien als dieses wundersame Reich der zehntausend Pagoden – ganz gleich, ob man die Reise nur mit den Augen unternimmt wie in diesem Bildband oder mit Flugzeug, Koffer und allen Sinnen.

Dabei war Burma bis vor wenigen Jahren noch ein Land der Hoffnungslosigkeit. Es wurde von einer blutrünstigen Junta raffgieriger Generäle regiert, die die zarteste Pflanze der Demokratie mit ihren Stiefeln zertraten, die Tausende unbewaffneter Demonstranten massakrierten und buddhistische Mönche abschlachteten. Die Höllenherrschaft dieser Despotenclique sorgte dafür, dass sich ein ganzes Volk von 55 Millionen Menschen wie in Gefangenschaft fühlen musste. Ihre Existenz in Ketten der Verzweiflung erschien, als würde sie niemals ein Ende nehmen, auch wenn es einen letzten Hoffnungsschimmer in Gestalt der Friedensnobelpreisträgerin Aung San Suu Kyi gab.

Doch dann geschah ein Wunder, das bei genauerer Betrachtung einen sehr realen Hintergrund und eine beinahe banale Erklärung hat: Der Arabische Frühling zertrümmerte am Jahresende 2010 und zu Beginn des Jahres 2011 innerhalb von Wochen Tyranneien, Despotien, Autokratien, die für die Ewigkeit errichtet zu sein schienen. Die Generäle bekamen es mit der Angst zu tun, wollten nicht enden wie Gaddafi, Ben Ali oder Mubarak, entschieden sich für einen geordneten Rückzug und machten den Weg frei für einen erstaunlich reibungslosen Übergang von einer Militärdiktatur zu einem zumindest halbwegs demokratischen Staatswesen.

Wer Burma vor fünf Jahren besuchte, wird es heute kaum wiedererkennen – allein schon wegen der Porträts von Aung San Suu Kyi, Burmas Schutzheiliger und Herzensdame, Burmas Che Guevara und Nelson Mandela in Personalunion, die jetzt zehntausendfach an Mopeds und Bussen, Karren und Kutschen, Wänden und Türen prangen. Ein ungeheuerliches Verbrechen wäre das vor ein paar Jahren noch gewesen, Zuchthaus und vielleicht sogar den Tod hätte es bedeutet. Heute aber bekennen die Menschen ganz offen ihre Liebe zu Aung San Suu Kyi, ohne die Paranoia des Schweigens, mit der Despotien immer ihre Untertanen vergiften. Dass die Friedensnobelpreisträgerin eines Tages Burmas Präsidentin sein werde, sagen fast alle Burmesen. Selbst in den Garküchen am Straßenrand hört man im Halbdunkel solche Prophezeiungen, bevor die Menschen dann doch den Finger auf die Lippen legen, weil Jahrzehnte brutaler Repression nicht spurlos weggewischt werden können.

Die Skepsis ist weit verbreitet. Man müsse abwarten, sagen die Leute, Burma befinde sich gerade auf dem Weg in die Demokratie und habe noch viel zu lernen. Eines aber wissen die Menschen schon jetzt: dass ihnen die Demokratie allein weder Glück noch Freiheit bescheren wird, denn das kann nur der Buddhismus, die höchste moralische Instanz. Selbst Aung San Suu Kyi ist für die Burmesen weniger eine Demokratin als vielmehr eine gute Buddhistin und die erste Dienerin ihres Volkes. Überhaupt sind die drängendsten Probleme keine politischen, sondern wirtschaftliche. Zu niedrig sind die Renten, zu hoch die Benzinpreise, zu korrupt die Beamten. Und noch immer, so versichern die Menschen den Besuchern fast wie aus einem Mund, kommen zu wenige Touristen. Sie müssen in Heerscharen Burma besuchen, damit es den Menschen endlich besser geht.

Das erste Problem indes, das sich Reisenden mit dem Ziel Burma stellt, ist weder politisch noch wirtschaftlich und glücklicherweise schon gar nicht existenziell, sondern vergleichsweise simpel: Wie heißt das Land, das man als Burma, Birma oder Myanmar kennt? Wie soll man es nennen, ohne jemanden zu verletzen oder – schlimmer noch – den propagandistischen Duktus der Militärs zu übernehmen? Darauf gibt es, wie so oft im janusköpfigen Burma, keine klare und mehr als eine Antwort.

Die drei Bezeichnungen haben immer parallel existiert, und die beiden ersten beziehen sich auf die größte Bevölkerungsgruppe des Vielvölkerstaates, die Birmanen. Der Name Burma beziehungsweise Birma dominierte während der britischen Kolonialzeit; im deutschen Sprachgebrauch war damals Birma üblicher als das englische Burma, damit wollte sich das Deutsche Reich von den Briten distanzieren. Wegen dieses kolonialen Hintergrundes der bis dahin üblichen Landesbezeichnung ließen die Militärdiktatoren das Land 1989 offiziell in Myanmar umbenennen. So wollten sie die nationale Souveränität stärken und die letzten Spuren des Kolonialismus tilgen. Auch viele Städte bekamen damals neue Namen, aus der Hauptstadt Rangun zum Beispiel wurde Yangon. Der offizielle Name des Landes lautet heute »Republik der Union Myanmar«, wobei der Namenszusatz Union auf die vieler Ethnien verweist.

Myanmar ist also keineswegs korrekter als Burma oder Birma. Vielmehr muss die Umbenennungskampagne im Licht eines antikolonialen Nationalismus der Generäle gesehen werden, wobei diese vor Geschichtsklitterung nicht zurückschreckten. Sie verklärten das Land zum friedliebenden Vielvölkerstaat und erklärten sämtliche ethnischen Konflikte zur alleinigen Folge des Kolonialismus. Vor den Briten, so die Mär, hätten alle Völker und Stämme in Harmonie und Eintracht gelebt – was grober Unfug ist, denn Burmas Geschichte ist geprägt von Bürgerkriegen und Stammeskämpfen. In diesem Zusammenhang wurde auch Aung San Suu Kyi nicht geschont. Man dämonisierte sie als Britin, weil sie lange in England gelebt und studiert hat, mit einem Briten verheiratet war und ihre Kinder britisch erzog. Sie sei gar keine echte Burmesin, sondern eine Verräterin, lautete die offizielle Doktrin. Das hielt die Militärs allerdings nicht davon ab, ihren Vater, General Aung San, zum Nationalhelden und Vater des Vaterlandes zu heroisieren.

Aung San Suu Kyi selbst sieht den Namenswirrwarr eher pragmatisch. Als sie am 11. April 2014 in Berlin mit dem Willy-Brandt-Preis ausgezeichnet wurde, beantwortete sie die Frage nach dem richtigen Namen so: »Burma ist der internationale Name meines Landes. Im Ausland rede ich deswegen über Burma und bezeichne mich als Burmesin. Myanmar ist der Name, den wir im Land selbst nutzen. So spreche ich zuhause über Myanmar und bezeichne mich auch als Myanmarin. Der Name hat also keine politische Bedeutung. Die Militärdiktatur hat durch die internationale Umbenennung Burmas in Myanmar versucht, eine Einheit der verschiedenen Völker zu suggerieren, die gar nicht existiert.« In diesem Buch werden wir, ganz im Sinne von Aung San Suu Kyi, durchgehend von Burma reden, ohne dabei politische Hintergedanken zu verfolgen.

Eine Einheit ist Burma wahrlich nicht. Es ist vielmehr der Inbegriff von Vielfalt in jedem Sinn – geografisch, ethnisch, kulturell. Fast alle erdenklichen Landschaftsformen findet man in dem Land, das an China, Laos,

Thailand, Bangladesch und Indien grenzt: Urwälder und Hochebenen, lebensfeindliche Sümpfe und fruchtbares Schwemmland, ein riesenhaftes Flussdelta und die Ausläufer des Himalaya im Kachin-Bergland mit dem 5881 Meter hohen Hkakabo Razi, dem gewaltigsten Berg nicht nur Burmas, sondern ganz Südostasiens. Und noch immer sind vierzig Prozent Burmas von Primärwäldern bedeckt, die aber dramatisch schnell verschwinden, nicht zuletzt wegen der illegalen Abholzung durch die Teak-Mafia.

Die ganze Vielfalt Burmas will dieser Bildband zeigen. Seine Reise führt zu den vielen ethnischen Gruppen. Man taucht ein in das buddhistische Universum von Mandalay und in die mythische Welt der untergegangenen Königreiche von Bagan, erlebt den Aufbruch in der Hauptstadt Rangun und die Stille am Inle-See. Man fährt den mächtigen Irrawaddy-Fluss von den Bergen bis in sein Delta hinunter, wird auf dem Land Zeuge einer überwältigenden Archaik und erlebt eine Welt, die nicht von dieser Welt zu sein, sondern aus einer wundersamen Urzeit zu stammen scheint.

Wenn man diese Archaik sieht, beginnt man an sich selbst zu zweifeln. Trotz der überall zu beobachtenden rettungslosen Rückständigkeit wird man hier nicht zum empörten Revolutionär, der alles sofort ändern und modernisieren will. Nein, viel lieber will man seine Hände schützend über Burma halten, damit es ja nicht so wird, wie alle anderen Länder Asiens längst geworden sind – oder jedenfalls nicht ganz so schnell. Und sofort erschrickt man über sich selbst, weil das natürlich eine ungeheure Anmaßung ist: Niemand darf einem Volk den Fortschritt verweigern, nur damit er sich selbst an der archaischen Pittoreske sattsehen kann. Niemand darf Burma ernsthaft wünschen, dass es bleibt, wie es ist, so bukolisch all die Ochsenpflüge und Pferdekutschen, all die Bauern mit Kegelhut auf ihren Wasserbüffeln, all die spielzeugputzigen Klapperbusse aus den Restbeständen japanischer Reparationszahlungen nach dem Zweiten Weltkrieg auch sein mögen – und all die Frauen in ihren Trachten, die sich ihre Wangen mit der golden schimmernden Rinde eines Apfelbaumes schminken, sodass sie aussehen wie bronzefarbene Goldmariechen.

Und doch, man kann nicht anders, weil man in Burma etwas sieht und erlebt, das man für immer verloren glaubte – eine Lebensgeschwindigkeit und Selbstgenügsamkeit aus Präglobalisierungszeiten; eine Welt ohne die Tyrannei des Markenfetischismus; vor allem aber ein Land, das so überwältigend schüchtern ist wie in Asien vielleicht nur noch das Himalaya-Königreich Bhutan; ein Land, das verschämt und doch nie furchtsam verschreckt ist, das den Fremden mit ratlos kichernder Neugier statt kühlem Kalkül gegenübertritt und dessen Kinder nicht krakeelend um Kugelschreiber betteln, sondern den Besuchern ganz vorsichtig, fast ohne die Hand zu heben, nachwinken.

Eines Tages, vielleicht sogar sehr bald, wird das alles verschwinden. Dann wird Burma so sein wie Thailand vor vierzig oder Vietnam vor zwanzig Jahren. Dann wird man in einer ruhigen Stunde in diesem Bildband blättern, die Fotografien betrachten wie Botschaften aus einer fernen, für immer verlorenen Vergangenheit – und man wird ein wenig wehmütig werden angesichts der Schönheit des Unwiederbringlichen.

# RANGUN – DER LANGE WEG IN DIE FREIHEIT

Nirgendwo wird der Wandel Burmas deutlicher als in seiner größten Stadt. Sie atmet schon die neue Luft der Freiheit, beginnt sich zaghaft zu modernisieren und ist dennoch weit davon entfernt, Vergangenheit und Tradition zu verleugnen.

**VORHERGEHENDE DOPPELSEITE**
Hauptstraße in Rangun mit der Sule-Pagode im Hintergrund.

**LINKS** Britannien in Burma: Das Erbe der ehemaligen Kolonialherren lebt in Repräsentationsbauten wie dem Obersten Gerichtshof mit seinem Uhrturm aus roten Ziegeln fort.

**RECHTS** Goldenes Land: Die jahrtausendealte Sule-Pagode im Herzen von Rangun wurde genau an der Stelle errichtet, an der einst ein mächtiger Naturgeist gewohnt haben soll.

RANGUN DER LANGE WEG IN DIE FREIHEIT  12

**LINKS** Die goldglänzende Hauptstupa der Shwedagon-Pagode, des religiösen und spirituellen Zentrums Burmas, entfaltet im ersten Licht des Tages eine besonders magische Wirkung.

**OBEN** Eine Frau füllt in der Shwedagon-Pagode Ölschalen mit Petroleum – ein Ritual, das viele Burmesen zu ihrem Geburtstag pflegen.

RANGUN DER LANGE WEG IN DIE FREIHEIT  16

**LINKS** Für die Touristen eine grandiose Attraktion, für die Mönche ein heiliger Ort: Die Shwedagon-Pagode im Zentrum von Rangun lockt viele Bewunderer an.

**OBEN** Wundersamerweise kollidieren ihre Interessen nicht, und so kann dieser Mönch in aller Ruhe meditieren, ohne von den Besuchermassen gestört zu werden.

**LINKS OBEN** Das allabendliche Fegen der Plattform rund um die Shwedagon-Pagode, das zwingend im Uhrzeigersinn geschehen muss, gilt Buddhisten als gute Tat.

**LINKS UNTEN** Eine Welt voller Rituale, die dem Fremden immer ein Rätsel bleiben werden – Gläubige übergießen eine blumengeschmückte Buddha-Statue in der Shwedagon-Pagode.

**RECHTS** Opfergaben spielen im Buddhismus eine zentrale Rolle. Hier nehmen junge Nonnen in der Shwedagon-Pagode das Geld der Gläubigen entgegen.

RANGUN DER LANGE WEG IN DIE FREIHEIT

**LINKS** Generation um Generation ist sie immer strahlender, immer prachtvoller geworden: die 2500 Jahre alte Shwedagon-Pagode, vom Kandawgyi-See aus gesehen.

**UNTEN** Weltliche Bauten eifern dem goldenen Glanz der Pagoden nach – das Restaurant Karaweik Palace am Kandawgyi-See.

# Ein Balanceakt zwischen Geschichte und Gegenwart

OBEN Die Ruhe vor dem Ansturm: Noch ist die Shwedagon-Pagode ein Ort der Stille.

Da tauchte ein goldenes Mysterium am Horizont auf, ein funkelndes, großartiges Wunder, das in der Sonne glänzte. Das ist die alte Schwedagon-Pagode, sagte mein Gefährte. Und die goldene Kuppel sagte zu mir: Das hier ist Burma, ein Land, das anders ist als alle anderen, die du kennst.«

Mit diesen Worten hat der englische Schriftsteller Rudyard Kipling der ehemaligen britischen Kolonie Burma nicht nur das berühmteste aller Zitate geschenkt. Er hat auch einen Moment der Überwältigung und Verzauberung festgehalten, der bis heute jedem Besucher beim Anblick des grandiosesten aller burmesischen Tempel widerfährt: Man steht vor ihm und spürt die Kraft, die Ruhe, das Glück, das er den Gläubigen schenkt. Man wandert durch seine goldene Pracht und ahnt, dass man hier Burmas Seele so nahe ist wie nirgendwo sonst in diesem Land. Man verlässt die Pagode und fühlt in sich ihre strahlende Heiterkeit, ein Souvenir, das schöner ist als alles, was man für Geld oder Gold kaufen kann.

Vor mehr als 2500 Jahren, keine drei Wochen nach der Erleuchtung des Erleuchteten, wurde der Grund-

OBEN Eine Ansammlung neuer Tempel und Pagoden im Schatten der Haupt-Stupa von Shwedagon.

UNTEN Für jedes Geburtsdatum gibt es eine eigene Statue, den sogenannten Tages-Buddha.

stein der Shwedagon-Pagode gelegt. So sagt es die Legende, und niemand in Burma wäre so ketzerisch, an ihr zu zweifeln. Zwei Brüder kehrten damals mit acht Haaren Buddhas aus Indien zurück und brachten sie ihrem König als Geschenk dar. Der Herrscher erkannte sofort den Wert dieses Schatzes und ließ für ihn einen Tempel erbauen – noch vor dem Tod von Siddhartha Gautama, dem historischen Buddha. Die acht Haare wurden in eine goldene Schatulle gelegt, über der man eine zehn Meter hohe Pagode errichtete. Im Laufe der Jahrhunderte wuchs die Pagode immer weiter in den Himmel und erreichte 1774 schließlich unter König Hsinbyushin ihre heutige Höhe von 98 Metern. Und die Frau dieses Herrschers war so großmütig, ihr eigenes Körpergewicht in Gold für die Verzierung des Bauwerks zu spenden.

Millionen Menschen haben dem Königspaar seither nachgeeifert, und so ist aus der Shwedagon-Pagode ein ganzer Tempelberg geworden, ein Gebirge der Pracht und Herrlichkeit aus Dutzenden von Pagoden und Pavillons, Skulpturenparaden und Monumentalglocken, Opfersteinen und Devotionalienständen. Vier überdachte Treppenaufgänge, an denen die Händler mit ihren Souvenirs und Glücksbringern dicht gedrängt Spalier stehen, führen zu einer 60 000 Quadratmeter großen Plattform aus Marmorplatten, in deren Mitte die goldglänzende Hauptpagode wie ein himmlisches Zepter für alle Ewigkeit ruht, flankiert von vier größeren Stupas als Symbolen für die Himmelsrichtungen und sechzig kleinen Stupas. Die große Pagode selbst ist mit Lotus- und Bananenblüten, quadratischen, oktogonalen und runden Terrassen, Tausenden von Edelsteinen und Abertausenden von Schichten von Blattgold verziert. Ganze Staatsschätze sind hier versammelt, allein die aus purem Gold bestehenden Prunkplatten an den Tempeln sollen sechzig Tonnen wiegen. Man sagt, dass hier mehr Gold verbaut worden sei, als die Bank of England besitze – und das erscheint jedem Betrachter mehr als glaubhaft.

Doch nicht das Gold ist das Beeindruckendste an der Shwedagon-Pagode, nicht ihr Schmuck aus Diamanten, Smaragden, Rubinen. Es ist das Leben, das sie Tag für Tag erfüllt, es sind die Menschen. Pagoden ohne Menschen, Buddhas ohne Betende, Gotteshäuser ohne Gotteskinder sind undenkbar in Burma. Und Ehrfurcht muss in diesem wunderbaren Land nicht still sein, Andacht nicht leise und Inbrunst nicht beklemmend. Das ist die überwältigende Erfahrung, die man in der Shwedagon-Pagode macht: Hier herrscht keine sakrale Grabesstimmung, kein mystisches Schweigen. Stattdessen findet

RANGUN DER LANGE WEG IN DIE FREIHEIT  23

OBEN Moderne Zeiten: Auch in der Shwedagon-Pagode kann man mittlerweile im Internet surfen.

man sich inmitten eines buddhistischen Tohuwabohus wieder, das nicht nur aus Tausenden mythologischer Wesen vom fliegenden Elefanten bis zur züngelnden Himmelsschlange, aus Hunderten Opferschalen, in denen Sesamöl flackert, gebildet wird, sondern auch aus Dutzenden Verkaufsständen, an denen Frauen Blattgoldspenden wie Marktweiber ihre Heringe anpreisen. Und auch sonst ist bei aller Heiligkeit genug Platz für Profanes und Skurriles – etwa für haushaltsübliche Fußmatten an Tempeleingängen, auf denen ein herzhaftes »Welcome« prangt, oder für Leuchtreklamen-Buddhas, um deren Köpfe Neonlichter als Symbol der Erleuchtung blinken und die an amerikanische Tankstellenwerbung erinnern.

Menschen, überall Menschen, die sich unter dem großen Schutzschirm des immerwährenden buddhistischen Toleranzediktes zusammenfinden: Man sieht Heerscharen von Touristen aus dem Westen mit Trekkingsandalen, Rucksackungetümen und schwerer Foto- oder Videoartillerie und stört sich wundersamerweise nicht an ihrem Anblick. Man sieht Armeen paramilitärisch gedrillter Besucher aus Fernost mit einem brüllenden Megafon-Männlein an der Spitze, plappernde burmesische Schulklassen beim gelebten Religionsunterricht, ganze Großfamilien beim fröhlichen Gemeinschaftsgebet oder tobende Kinder beim Fangenspielen, die von niemandem ermahnt werden, weil Fröhlichkeit Buddha nur gefallen kann – alle haben hier ihren legitimen Platz, jeder darf hier sein, wie er ist.

Man findet sich zwischen schwatzenden Großmüttern beim Blumenkranzspenden und Tempelwächtern bei der Siesta wieder. Man betrachtet voller Ehrfurcht murmelnd meditierende Mönche und strenggläubige Buddhisten im letzten Zustand der Transzendenz. Man fühlt sich wunderbar wohl in diesem Menschenauflauf aus Schaulustigen, Weltvergessenen, Weihwasserschöpfern. Und immer wieder erblickt man Menschen, die sich mit leidenschaftlichster Hingabe vor Buddha niederwerfen, immer und immer wieder, mit flehendem Gestus und vergeistigtem Blick, als sei es das Letzte, was sie auf dieser Erde tun werden – um dann mit einem derart befreiten Lachen aufzustehen, dass selbst die größten Gotteszweifler hier ins Grübeln kommen.

Die Shwedagon-Pagode ist der religiöse Seelenort Burmas, Symbol und Wahrzeichen des ganzen Landes, spiritueller Anker aller Buddhisten, Gravitationszentrum ihres Glaubens. Sie ist aber auch ein hochpolitischer Ort. In den 1920er-Jahren trafen sich in ihrem Schutz die Kämpfer der Unabhängigkeitsbewegung, die ihr Land vom Joch der britischen Kolonialherrschaft befreien wollten. Im Jahr 1988 hielt Aung San Suu Kyi, die Ikone der burmesischen Freiheitsbewegung, hier ihre erste politische Rede. 2007 kamen in Shwedagon buddhistische Mönche trotz Ausgangssperre zum Beten zusammen, um so zur Keimzelle einer neuen, mit unvorstellbarer Brutalität niedergeschlagenen und letztlich doch siegreichen Protestbewegung zu werden. Man steht in der Pagode zwischen lauter sanftmütig lächelnden Buddhas und spürt doch auch all die Tragik, all das Leid, das die Burmesen in den vergangenen Jahrzehnten ertragen mussten, all die Dornen auf ihrem Weg in die Freiheit.

Die schlimmste Etappe der jüngeren Geschichte Burmas begann nach dem Putsch der Generäle 1962. Fünf Jahrzehnte lang regierte die Militärjunta das Land mit eiserner Faust, zwang ihm eine sozialistische Misswirtschaft auf und führte es so an den Rand des Abgrunds. Seit der Mitte der 1980er-Jahre konnte das Militär den Freiheitswillen der Menschen nur noch mit immer grausamer werdenden Repressalien im Zaum halten. 1987 kam es zu einer schweren Wirtschaftskrise mitsamt galoppierender Inflation. Das Regime wusste sich nicht anders zu helfen, als alle Banknoten über 25, 35 und 75 Kyat zu entwerten. Damit waren über Nacht drei Viertel des im Umlauf befindlichen Geldes in Burma wertlos. Der größte Teil des Sparvermögens war pulverisiert und der Zorn der Massen nicht mehr zu bändigen. Hunderttausende gingen auf die Straße, um für Freiheit und Demokratie zu protestieren. Die Generäle verhängten das Kriegsrecht, gründeten einen »Staatsrat für die Wiederherstellung von Recht und Ordnung«, verboten jede Versammlung mit mehr als vier Personen und konnten die Proteste trotzdem nicht ersticken. Bald schon erreichte die Zahl der Demonstranten die Millionengrenze. Das Militär schoss mit Maschinengewehren auf die Wehrlosen. Und es hatte – der Gipfel der Perfidie – immer auch Wasserwerfer dabei, um die Blutspuren sofort zu beseitigen.

Aung San Suu Kyi rief daraufhin die Nationale Liga für Demokratie ins Leben, die bei der Wahl 1990 einen Erdrutschsieg errang. Doch die Junta erkannte das Ergebnis nicht an, sondern stellte die Wahlsiegerin unter Hausarrest. Im folgenden Jahr wurde Aung mit dem Friedensnobelpreis ausgezeichnet. Spätestens damit wurde die 1945 geborene Tochter des burmesischen Nationalhelden Aung San, der sein Land in die Unabhängigkeit geführt hatte und 1947 von einem Gegenspieler ermordet worden war, zur unbestrittenen Führungsfigur der Demokratiebewegung – wider Willen und ohne Kalkül. Denn schon 1960 hatte Aung San Suu Kyi

UNTEN Uralte Tradition: Beten vor den Tages-Buddhas in der Shwedagon-Pagode.

RANGUN DER LANGE WEG IN DIE FREIHEIT 25

gemeinsam mit ihrer Mutter, die zur Botschafterin in Indien ernannt worden war, ihre Heimat verlassen. Sie studierte in Oxford, arbeitete für die Vereinten Nationen, als ihr Landsmann U Thant deren Generalsekretär war, heiratete 1972 den britischen Tibetologen Michael Aris, bekam zwei Söhne und kehrte 1988 nach Burma zurück. Eigentlich wollte sie nur ihre Mutter pflegen, die einen Schlaganfall erlitten hatte. Doch die Aufgabe, die auf sie wartete, war viel größer: Sie musste ihr Land retten.

Zunächst aber folgten bleierne Jahre. Dem Militär gelang es schließlich doch, die Demokratiebewegung niederzuschlagen. Der Preis war immens hoch: Das Land war isoliert, die Wirtschaft lag am Boden, die Menschen litten in jeder Hinsicht. 2005 verfassten der ehemalige tschechische Präsident und Menschenrechtler Václav Havel sowie der südafrikanische Friedensnobelpreisträger Desmond Tutu im Auftrag der Vereinten Nationen einen Bericht über Burma – mit einem vernichtenden Ergebnis: So katastrophal sei die Lage, dass der Weltfrieden bedroht sei. Im selben Jahr verurteilte die südostasiatische Staatengemeinschaft auf dem ASEAN-Gipfel in Kuala Lumpur das Vorgehen der Junta erstmals scharf und forderte sofortige politische Reformen und die Freilassung aller politischen Gefangenen. Doch das Regime zeigte sich unbeeindruckt. 2007 strich es alle Subventionen für Kraftstoffe, wodurch sich der Preis für Benzin und Gas verfünffachte. Am 24. September gingen 100 000 Menschen in Rangun auf die Straße, darunter viele buddhistische Mönche. Das Militär richtete ein Blutbad an, die Welt war entsetzt. Und wieder geschah nichts.

Es wirkt fast wie ein Treppenwitz der Geschichte, dass ausgerechnet eine Rebellion, die Tausende von Kilometern entfernt auf einem anderen Kontinent stattfand, die Junta zur Besinnung brachte. Als sie miterlebte, wie der Arabische Frühling 2010 und 2011 eine Despotenherrschaft nach der anderen beseitigte, bekam sie es mit der Angst zu tun. Die Generäle sahen am Beispiel von Mubarak in Ägypten, Ben Ali in Tunesien oder Gaddafi in Libyen, was passiert, wenn man sich zu lange an die Macht klammert: Man verliert alles, seine Pfründe und schlimmstenfalls auch sein Leben. Also wurde General Thein Sein zum neuen Staatspräsidenten bestimmt. Er tauschte seine Uniform gegen einen Anzug und setzte einen atemraubenden Demokratisierungsprozess in Gang, den niemand für möglich gehalten hätte.

UNTEN Ein Lastenträger im Maha-Bandula-Park, im Hintergrund der Oberste Gerichtshof.

OBEN Der Fortschritt kommt langsam, aber hat die Rikschas noch längst nicht verdrängt.

RECHTS Neue Freiheit: ein Zeitungsverkäufer mit dem regimekritischen Blatt »Democracy«.

Seither überschlagen sich die Ereignisse: Aung San Suu Kyi wurde aus dem Hausarrest entlassen, Hillary Clinton reiste als erste amerikanische Außenministerin seit fünfzig Jahren in den Pariastaat, um sie zu treffen. Der Westen hob die Sanktionen gegen Burma teilweise auf, die Weltbank gewährte dem Land wieder Kredite. Die politische Repression ist dramatisch gelockert worden, es herrscht in Ansätzen Presse- und Meinungsfreiheit. Und Aung San Suu Kyi ist nach freien, fairen Wahlen ins Parlament eingezogen und hat dort den Vorsitz des neu geschaffenen Komitees für Rechtssicherheit, Frieden und Stabilität übernommen. Kaum jemand zweifelt daran, dass sie am Ende eines langwierigen Demokratisierungsprozesses zur Staatspräsidentin gewählt werden wird.

Fünfzig Jahre Überlebenskampf in der sozialistischen Mangel- und Misswirtschaft der Generäle stecken den Burmesen noch in den Knochen. Nirgendwo wird das deutlicher als in Rangun, dem unbestrittenen Zentrum des Landes, auch wenn sich die Junta aus Furcht vor den Demonstranten im Jahr 2005 eine neue Hauptstadt dreihundert Kilometer nördlich von Rangun mitten im Nichts errichten ließ. Trotz aller Fortschritte ist Rangun noch immer eine bitterarme Stadt, in der die Menschen zu zehnt in Zehn-Quadratmeter-Wohnungen hausen, Stromkabel als chaotisches Wirrwarr die Straßen überspannen und das Zuverlässigste am Strom ist, dass er regelmäßig ausfällt. Dann gehen wie bei einer Wundererscheinung überall Petroleumlampen an und illuminieren Rangun wie vor hundert Jahren. Es überrascht also kaum, dass für die meisten Burmesen nicht demokratische Freiheitsrechte höchste Priorität genießen. Viel wichtiger ist für sie die Verbesserung ihrer wirtschaftlichen Lage.

Doch es gibt inzwischen auch neues Leben und neue Aktivität in Rangun. Vor allem der Besucherstrom schwillt an. All jene kommen jetzt in Scharen, für die Burma bisher ein verbotenes Land mit einem selbst auferlegten Einreiseverbot war. Reisende mieden es, weil die Militärs den gesamten Tourismus kontrollierten und fast alle Einnahmen in die eigene Tasche steckten.

RANGUN DER LANGE WEG IN DIE FREIHEIT 27

OBEN Burma öffnet sich: ein neues Café am Bogyoke-Aung-San-Markt im Herzen von Rangun.

RECHTS So lebt man in Rangun: ein typisches Wohnhaus im Zentrum.

Jetzt profitieren weit mehr Menschen von den Besuchern, die nun auch keineswegs mehr allein von den Schönheiten des Landes angelockt werden. Geschäftsleute, die ein begehrliches Auge auf Burmas Reichtümer geworfen haben, wollen die Ersten sein, wenn es um die Neuvergabe von Konzessionen geht für riesige Öl- und Erdgasvorkommen, für Goldminen und wertvolle Teakhölzer.

So ist Rangun heute eine seltsam unentschiedene Stadt, die sich noch ganz vorsichtig in die Zukunft vortastet und sich manchmal ängstlich nach den bösen Schatten der Vergangenheit umzudrehen scheint. Langsam schält sie sich aus ihrem unfreiwilligen Kokon der Lethargie, den sie während der Militärdiktatur um sich gesponnen hat. Und schon spürt man eine nervöse Unruhe, die bestimmt wird von erwartungsfroher Ängstlichkeit und erstem geldgierigem Flackern in den Augen.

Rangun taumelt ein wenig verloren im Nirgendwo zwischen Vergangenheit und Zukunft, zwischen zaghaftem Aufbruch in Form erster Shopping-Malls und der schimmelfleckigen Melancholie verwitterter Erbstücke der britischen Kolonialzeit. Vielleicht ist das der einzige Vorteil der langen Isolation und des lähmenden Stillstands: Das Erbe der Briten ist weitgehend unangetastet geblieben und musste nicht dem stürmischen Wachstum weichen wie in vielen anderen asiatischen Städten. Manche der Repräsentationsbauten, dieser wehmütigen Zeugen jener gar nicht so fernen Zeit, als Britannien die Meere und die halbe Welt beherrschte, erstrahlen schon wieder im alten Glanz – so etwa das Luxushotel Governor's Residence mitten im Botschaftsviertel. Der Gouverneur des Kaya-Staates residierte einst an diesem Ort, an dem sich heute Touristen mit Sinn für Stil zwischen Lotusteichen, Holzveranden, Gartenlauben und fächerförmigem Pool entspannen. Hier sitzt man im Korbsessel mit einem Drink in der Hand, empfindet sich plötzlich selbst als Teil der Ver-

**OBEN** Die Hektik asiatischer Metropolen ist Rangun zumindest im Maha-Bandula-Park vor dem Rathaus fremd.

gangenheit und erwartet in jedem Moment die Ankunft von Mr Kipling.

Noch ist Rangun eine Stadt ohne den Glamour und Glitter der asiatischen Fortschrittsgläubigkeit. Noch herrscht hier eine Geruhsamkeit, die fast überall sonst in Asien längst Geschichte ist. Es gibt einen Volksvergnügungspark mit rumpelnden Fahrgeschäften aus den 1960er-Jahren, in dem man sich sonntags zum Familienpicknick trifft. Es sind die Stupas, die golden schimmern, nicht die Schaufenster von Dior und Gucci. Es sind die Pagoden, die das Stadtbild dominieren, wie jenes 2000 Jahre alte Gotteshaus neben dem Rathaus, in dem tagtäglich rund um die Uhr aus Lautsprechern die Lehren Buddhas verkündet werden; sensationell ist in dieser Stadt eine Gestalt wie der Liegende Buddha, ein Monstrum in einer Art offener Fabrikhalle, siebzig Meter lang, zwölf Meter hoch, sehr feminin mit lila Lidschatten, feuerrotem Kussmund und rosa lackierten Nägeln – eine Giganterkunst sane. Und noch hat kein Wolkenkratzer die Hybris und Häresie besessen, der Shwedagon-Pagode die Dominanz der Stadtsilhouette streitig zu machen. Sie ist die Herrscherin der Stadt und des Landes, des Lebens und der Seelen, so strahlend, als wohnte der Erleuchtete selbst in ihr.

**LINKS** Eine ganz eigene Interpretation von Wohnen und Arbeiten: Solche Geschäfte sind typisch für Burma. Und oft leben die Besitzer mit ihren Familien auch in den Läden.

**OBEN** Mangelwirtschaft hat auch Vorteile: Ersatzteile sind in Burma noch so rar, dass so gut wie alles wiederverwertet wird. In dieser Elektrowerkstatt jedenfalls wirft man keine Schraube weg.

LINKS Der ganze Stolz Bagos, das achtzig Kilometer nördlich von Rangun liegt, ist die tausend Jahre alte Shwemawdaw-Pagode, die sogar ein paar Meter höher als die Shwedagon-Stupa ist.

OBEN Der liegende Buddha von Bago ist ein paar Meter kürzer als sein Bruder in Rangun – aber immer noch ein Koloss von 55 Metern Länge und sechzehn Metern Höhe.

RANGUN DER LANGE WEG IN DIE FREIHEIT 33

**OBEN** In der Natur wohnen nach der Vorstellung der Burmesen Götter und Geister. Die reich verzierte Kawgun-Höhle bei Hpa-an trägt diesem Glauben Rechnung.

**RECHTS** Eine der ungewöhnlichsten Pagoden Burmas: Kyauk Kalap liegt in einem künstlichen See unweit von Hpa-an und besteht im Wesentlichen aus einem riesigen Felsenfinger.

LINKS Glaubt man der Legende, wird der Goldene Fels bei Kyaiktiyo nur von zwei Haaren Buddhas im Gleichgewicht gehalten, die einst ein Eremit vom Erleuchteten geschenkt bekam.

OBEN Schatzkammer des Glaubens: 8000 Buddha-Statuen aus verschiedenen Materialien soll es in der berühmten Kalksteinhöhle von Pindaya unweit des Inle-Sees geben.

FOLGENDE DOPPELSEITE Traumhaft schön ist der Blick vom Kyauk-Kalap-Kloster auf die Turmkarstberge in der Umgebung von Hpa-an.

RANGUN DER LANGE WEG IN DIE FREIHEIT

# IRRAWADDY – FORTSCHRITTSGLAUBE UND TRADITIONSTREUE

Er ist die Lebensader des Landes, die im Hochgebirge entspringt und in einem gewaltigen Delta mündet: der Irrawaddy, dem Burma so viel verdankt, vor dem es sich aber auch fürchtet, weil er ein unberechenbarer Strom mit aufbrausendem Temperament ist.

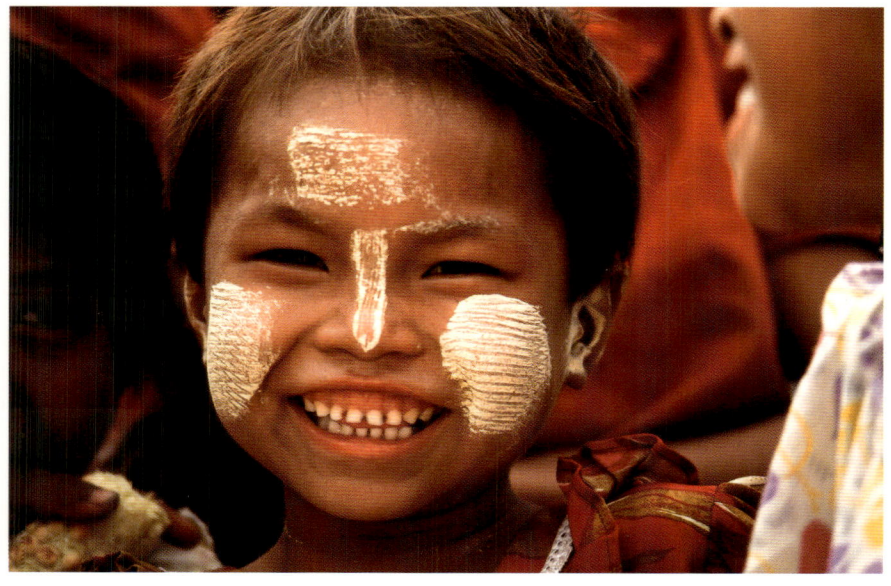

**VORHERGEHENDE DOPPELSEITE** Bauern beim Setzen der Reispflanzen im fruchtbaren Flussdelta des Irrawaddy.

**OBEN** Kinder und Frauen mit Thanaka-Paste im Gesicht sieht man in Burma auf Schritt und Tritt. Sie ist eine Art natürlicher Sonnencreme und macht außerdem die Haut geschmeidig.

**RECHTS** Geschäfte auf dem Wasser: ein Boot mit fliegenden Händlern, die auf dem Irrawaddy an den großen Schiffen festmachen, um den Passagieren Lebensmittel zu verkaufen.

IRRAWADDY FORTSCHRITTSGLAUBE UND TRADITIONSTREUE 42

**LINKS, OBEN UND UNTEN UND RECHTS** Ein Verhau im Heck als Bordrestaurant und ein Schlauch als Dusche, für die das Wasser direkt aus dem Fluss gepumpt wird: So rustikal ist man auf den Irrawaddy-Fähren unterwegs. Die Fähren sind trotzdem ein beliebtes Transportmittel für die einheimische Bevölkerung, da sie billig und im Vergleich zu den Bussen zudem einigermaßen bequem sind.

LINKS Das Land mag arm sein, doch sein Boden ist reich: Fliegende Händler versorgen die Menschen an Bord der Irrawaddy-Fähren mit frischem Reiseproviant.

OBEN Fast Food auf Burmesisch: Was in den Garküchen mit einfachsten Mitteln gezaubert und anschließend verkauft wird, ist besser als jedes vorgefertigte Industrieessen.

**LINKS** Die Natur bestimmt in Burma oft noch den Lebensrhythmus: Nach einem heftigen Regenschauer zur Monsunzeit trauen sich die Menschen langsam wieder auf die Straße zurück.

**OBEN** Die Küche ist in Burma, nicht anders als in den meisten anderen Ländern Asiens auch, Frauensache: Zwei Damen erledigen ihren Einkauf bei einem Hühnermetzger.

**LINKS** Goldenes Handwerk: eine Töpferei am Oberlauf des Irrawaddy in der Nähe von Bamo hoch im Norden Burmas, das noch viele Jahrzehnte von einem Industrieland entfernt ist.

**OBEN** Auf der Betrachter mag dieses Bild eines Ruderers im Abendlicht wie ein vollkommenes Idyll wirken. Der Mann im Boot hingegen hätte gegen einen Motor wohl nichts einzuwenden.

# Das Leben ist nicht immer ein langer, ruhiger Fluss

**OBEN** Buddha ist immer dabei: Passagiere warten auf die Abfahrt ihrer Irrawaddy-Fähre.

Es war kurz nach Beginn der neuen Zeitrechnung in Burma, als wir den Irrawaddy entlangfuhren, auf einem alten Rheindampfer, der zu einem luxuriösen Flusskreuzfahrtschiff umgebaut worden war. Der Kapitän empfing uns auf seiner Brücke und öffnete sein Herz. Er liebe die Lady, sagte er, und seine Liebe koste ihn jetzt glücklicherweise weder Kopf noch Kragen, jetzt, da die Generäle der Junta endlich zur Vernunft gekommen zu sein schienen. Er habe es sogar gewagt, ihr Porträt auf der Brücke seines Schiffes aufzuhängen, ein halber Selbstmord wäre das noch vor ein paar Monaten gewesen. Doch jetzt war alles anders, und das Volk durfte zum ersten Mal nach so vielen Jahrzehnten des Leids wieder die Freiheit kosten. Deswegen fuhr die Friedensnobelpreisträgerin Aung San Suu Kyi, die von allen Burmesen nur »The Lady« genannt wird, nun den Irrawaddy-Fluss mit ihrem Kapitän auf und ab, dessen Gestalt und Gemüt ihn eher wie die menschliche Reinkarnation des dicken lachenden Buddhas erscheinen ließen als wie einen schneidigen Seemann.

Eine wunderbare Frau sei die Lady, sagte der Kapitän und schaute ihr Bildnis mit einem Blick zwischen

OBEN Ein Junge duscht sich in Mrauk U an der Grenze zu Bangladesch im Westen Burmas.

RECHTS Holzstämme werden zu großen Flößen zusammengebunden und flussabwärts gezogen.

Ehrfurcht und Zärtlichkeit an, eine Frau wie keine zweite auf Erden, so stark und unbeugsam wie eine Löwin, so schön und rein wie eine Göttin, das Herz so groß wie das Universum. Jeden Morgen stecke sie sich Blumen ins Haar, was in seinem Land das Zeichen der Zuversicht sei, und das nach zwanzig Jahren Hausarrest, nach einem halben Leben der Demütigung. Und natürlich – der Kapitän beugte sich über seinen Käpt'n-Blaubär-Bauch und flüsterte jetzt fast verschwörerisch –, natürlich werde seine Lady eines Tages auch seine Präsidentin sein. Das sei gar keine Frage, das wisse er ganz bestimmt, obwohl er sich für Politik gar nicht interessiere. Politik sei schlecht für den Kopf und sowieso die Mutter aller Probleme. Seine eigene Mutter aber habe ihn die richtige Lektion fürs Leben gelehrt: Mein Sohn, habe sie ihm gesagt, gehe immer so zu Bett, dass du bei der ersten Berührung des Kopfes mit dem Kissen einschläfst. Denn dann ist dein Herz rein und dein Geist frei. So frei wie der Geist der Lady.

Langsam fuhr unser Boot den Irrawaddy entlang. Der Fluss ist die 2170 Kilometer lange Lebensader von Burma, die auf 4000 Metern Höhe im Kachin-Staat entspringt und in einem 40 300 Quadratkilometer großen Delta mündet, der Reiskammer Burmas und einst halb Südostasiens. Seit jeher herrscht ein entspanntes, geruhsames, unaufgeregtes Leben auf dem Fluss, kein Vergleich zum Gewimmel auf dem Mekong in Vietnam oder gar dem Yangtse in China. Ab und zu sieht man einen Fischer, der so gemächlich über den Irrawaddy rudert, als wisse er gar nicht, was Eile ist. Manchmal sieht man zu Flößen zusammengebundene Holzstämme und ganz selten große Motorschiffe. Fast schon beklemmend ist die Stille. Doch das kommt einem nur zu Beginn so vor. Sehr schnell wird die Fahrt zur kontemplativen Übung und der Irrawaddy zur Metapher für das Leben als langen, ruhigen Fluss.

Doch der Irrawaddy hat auch eine dunkle Seite: ein unberechenbares Temperament. Sein Wasserpegel schwankt zwischen Trockenzeit und Regenzeit um bis zu dreizehn Meter, sodass die Steilufer mit ihrer roten Erde manchmal wie Steilklippen wirken und dann wieder unter den Fluten verschwinden, als existierten sie gar nicht. Kaum ein Dorf lässt sich an den Ufern blicken, noch nicht einmal einzelne Hütten wagen sich an die Klippe heran. Die Menschen halten lieber respektvoll Abstand zu ihrem Fluss, der mit seinen jährlichen Überschwemmungen ihre Felder großzügig düngt. So ist der Irrawaddy ihr Wohltäter, der aber jederzeit zum Übeltäter werden kann.

Wenn man mit einem Kreuzfahrtschiff auf dem Irrawaddy unterwegs ist, muss man sich nicht vor ihm fürchten. Stattdessen kann man sich auf dem Panoramadeck am Anblick des Sonnenuntergangs berauschen. In der Abendstimmung zwischen Magie und Melancholie wird die Landschaft zum Schattenriss mit leuchtend roter Scheibe, bevor sich die Sonne mit einer violetten Gloriole verabschiedet und schließlich so schnell verschwindet, als habe sie auf der anderen Seite der Erdhalbkugel ein lang ersehntes Rendezvous. Fast noch lieber würde man jetzt in einem jener Korbsessel sitzen, die clevere Imbissbesitzer auf einem Irrawaddy-Damm bei Mandalay aufgestellt haben. Das sei die Rendezvous-Meile, sagen die Burmesen: Die Verliebten holen sich einen Snack bei den Imbissbuden auf der anderen Straßenseite und schauen sich dann in aller Ruhe den Sonnenuntergang an – oder doch nur glückstrunken gegenseitig ins Gesicht.

In den Uferzonen des Irrawaddy offenbart Burma seinen ganzen Reichtum. Es ist von der Natur mit verschwenderischer Fruchtbarkeit gesegnet worden, so großzügig, dass man zu verstehen beginnt, warum die Menschen hier so großzügig sind. Bis zum Horizont erstrecken sich die Felder mit Zuckerrohr, Reis und Bohnen; so weit das Auge reicht, wachsen mächtige Mango-Bäume und Palmyra-Palmen aus der roten Erde. Doch damit nicht genug: Auch der Bauch der Erde ist in Burma prall gefüllt – mit Erdöl und Erdgas, Kupfer, Gold und Edelsteinen, vor allem Jade, Saphiren, Taubenblut-Rubinen und Painit, einem Schmuckstein, den man nirgendwo sonst auf der Welt findet.

Burma ist also im Wortsinn ein steinreiches Land, zumindest in der Theorie. In der Praxis ist es von seinen Generälen und ihrer sozialistischen Misswirtschaft an den Rand des Ruins gebracht worden. Ein Drittel der Menschen lebt unter der Armutsgrenze. Eine geradezu bizarre Maßlosigkeit hat die Korruption erreicht – auf der Liste der korruptesten Staaten, die von Transparency International erstellt wird, nimmt Burma den zweiten Platz ein. Die gigantischen Ausgaben für Militär, Geheimdienst und Polizei sprengen jedes vernünftige Maß und ersticken das Wachstum. 430 000 Mann stehen unter Waffen, hinzu kommen 72 000 Paramilitärs. Vermutlich die Hälfte des Staatshaushaltes – so die Schätzungen –

UNTEN Wenn der Irrawaddy über seine Ufer tritt, werden im seichten Wasser Motorräder gewaschen.

OBEN Der Express hat alle Zeit der Welt: Bahnfahren ist in Burma ein Geduldspiel.

hat die Junta bisher für ihr paranoides Sicherheitsbedürfnis ausgegeben.

Wo das dringend benötigte Geld für Investitionen fehlt, erlebt man im Land auf Schritt und Tritt. Es reicht schon, einmal mit der Eisenbahn zu fahren, die noch aus britischer Kolonialzeit stammt und seither kaum modernisiert worden ist. Die Burmesen nehmen es mit Galgenhumor und haben dieses schöne Sprichwort geprägt: »Die Eisenbahn springt wie ein Pferd und schleicht wie eine Schildkröte.« Dreißig Kilometer pro Stunde sind schon eine flotte Fahrt, und selbst die Expresszüge zwischen Mandalay und Rangun brauchen für 600 Kilometer stolze sechzehn Stunden – wenn sie denn überhaupt fahren, denn die Fahrpläne sind eher Orientierungshilfen als zuverlässige Informationsquellen.

Auch der Straßenverkehr fließt oft noch mit einer Geschwindigkeit dahin, deren Gemächlichkeit an ferne Fuhrwerksepochen erinnert. Man hat unendlich viel Zeit und ist weit von der Hektik anderer asiatischer Staaten entfernt – doch nicht mehr lange, denn schon beginnt der Fortschritt sich Bahn zu brechen. Die Zahl der Mopeds steigt stetig, und eines gar nicht fernen Tages wird es auch in Burma diese zweirädrigen Hornissenschwärme wie in Vietnam oder Thailand geben, die sich an den Ampeln ungeduldig surrend sammeln. Die Rikschas und Fahrräder werden genauso verschwinden wie die eigenwilligen Klapperkisten von Autos, die in Hinterhöfen aus uralter Ersatzteilen zusammengeschraubt werden. Schon heute braucht man viel Glück, um einen jener urtümlichen Busse zu entdecken, die noch Teil der japanischen Reparationszahlungen für die Besatzung während des Zweiten Weltkriegs waren. Und es ist nur eine Frage der Zeit, bis die Burmesen den Luxus der Langsamkeit gegen den Rausch der Geschwindigkeit eintauschen werden. Noch aber ist Rasen eine Illusion auf Straßen, die ihre Benutzer allzu oft zu Schlaglochrallyes zwingen. Nur 3200 Kilometer des 27 000 Kilometer langen Straßennetzes sind asphaltiert, und zwar meistens dort, wo die Chinesen die burmesischen Bodenschätze außer Landes schaffen.

Zu den Chinesen haben die Burmesen ein schwieriges, wenn nicht zerrüttetes Verhältnis. Lange Zeit war Peking ein treuer Verbündeter der Militärjunta, der jede Grausamkeit der Generäle duldete. Das hat man China nicht verziehen. Jetzt ist die Bedrohung vor allem wirtschaftlicher Art. Dass die Chinesen Burma ausplündern, ist wohlbegründeter Konsens im Land. Sie roden im Shan-Staat ganze Urwälder, um an das wertvolle Teakholz zu gelangen – die Zeiten, als siebzig Prozent der weltweiten Teakbestände in Burma wuchsen, sind längst Geschichte. Sie pachten riesige landwirtschaftliche

**OBEN** Generationswechsel: Der traditionelle Ochsenkarren wird allmählich durch Traktoren ersetzt.

Flächen von der Regierung und bauen darauf Obst und Gemüse für ihr eigenes Volk an. Sie betreiben Spielkasinos an den Grenzen und errichten dort Staudämme, um ihren Strombedarf zu decken – nur fünf Prozent der Energie aus Wasserkraft bleiben den Burmesen. Und die Chinesen können sich dabei auf treue Verbündete in Burma verlassen, denn viele erfolgreiche Geschäftsleute haben chinesische Wurzeln – so wie Tun Myint Naing, genannt Steven Law, der bei allen Großprojekten mit China seine Finger im Spiel hat und als reichster Mann Burmas gilt.

Doch es regt sich Widerstand gegen den übermächtigen Nachbarn; am spektakulärsten zeigt sich dieser, wenn es um den gigantischen Myitsone-Staudamm am Oberlauf des Irrawaddy geht. 2,6 Milliarden Euro sollte das Projekt kosten, gegen das nicht nur die lokale Bevölkerung, sondern das ganze Land Sturm lief. Im Sommer 2011 wurde der Bau gestoppt, und Präsident Thein Sein sagte damals einen so ungeheuerlichen wie revolutionären Satz: »Der Wille des Volkes muss respektiert werden.« Damit leitete er eine Zeitenwende ein, denn fünfzig Jahre lang war der Volkswille für die Regierung vollkommen unerheblich.

Wie janusköpfig Burma ist, zeigt sich indes auch im Wirtschaftsleben. Den Großprojekten mit ihren Milliardeninvestitionen stehen scheinbar unerschütterliche, gegen jede Modernisierung resistente Handwerkstraditionen gegenüber. Und so gehen die meisten Handwerker noch ihren Geschäften nach, als habe die industrielle Revolution niemals stattgefunden. Beeindruckendes Beispiel hierfür sind die Goldschmiede. Sie stellen in ihren Werkstätten nicht viel anders als zu jener Zeit, als Siddhartha Gautama unter seinem Bodhi-Baum die Erleuchtung fand, das Blattgold für die Abertausende von Tempeln und Buddha-Statuen her. Mit bloßer Hand wird es unendlich mühevoll Stunde um Stunde, Tag um Tag, Jahr für Jahr, ein Leben um ein Leben lang im monotonen Dröhnen der Hämmer von sehnigen Männern hauchdünn geklopft. Ein Chor der Amboss-Schläge, der niemals zu enden scheint. Die Männer tränken das Gold mit ihrem Schweiß, aber nicht mit ihren Tränen. Wenn man ihnen in die Augen blickt, sieht man dort kein böses Funkeln, keine Verwünschungen gegen ihre menschenunwürdige Existenz als elende Blattgoldklopfer, sondern nur Langmut, Sanftmut, Fatalismus vielleicht, aber keine Verzweiflung.

So ist das überall in Burma, das sich klaglos in sein archaisches Schicksal zu fügen scheint. Die Weber schuften an ihren mechanischen Stühlen wie bei Heinrich Heine oder Gerhart Hauptmann, doch ohne düstere Augen, ohne fletschende Zähne, ohne Leichentuchflüche. Uns Besuchern birst in ihren Werkstätten schon nach einer Viertelstunde fast der Schädel, weil wir glauben, die fliegenden Schiffchen rasten quer durch unser eigenes Gehirn. Wie kann man das nur ein Leben lang lächelnd aushalten?

Genauso archaisch geht es bei den Steinmetzen zu, die auf offener Straße Buddhas aus Marmor- oder Granitblöcken im konzertanten Kreischen ihrer Winkelschleifer formen – des einzigen Fortschritts, den sie sich anstelle von Hammer und Meißel leisten. Ganze Straßenzüge füllen sie in manchen Städten. Weiß vor Staub sind die Blätter der Bäume, die Dächer der Häuser, die Haare der Männer und wahrscheinlich auch ihre Lungen. Sie husten sich lakonisch dem Tod entgegen, schleifen einfach weiter und zaubern stoisch glänzend polierte Körper aus den Blöcken. Die Köpfe aber formen sie ganz zum Schluss, denn der Käufer bestimmt den Gesichtsausdruck des Buddhas, ob lächelnd, sinnierend oder ganz in sich versunken. Und so stehen gespenstische Kohorten des Erleuchteten in Reih und Glied an der Straße, vollendete Körper, die anstelle der Köpfe Quader tragen, gerundete Leiber mit einem rechtwinkligen Block auf dem Haupt. Es sind surrealistische Glaubensstatuen, verstörend in ihrer unmenschlichen Menschlichkeit, vielleicht aber auch nur eine Metapher für die Vereinbarkeit von Menschlichkeit und Unmenschlichkeit in Burma.

Selbst das uralte Handwerk der Lotusseidenweberei gibt es noch in diesem altertümlichen Land. Die Lotusblume gilt den Buddhisten als heilig, weil sie das Symbol für Reinheit, Fruchtbarkeit und Erleuchtung ist. Der Lotus ist auch die Blume Buddhas, der laut der Legende sofort nach seiner Geburt sieben Schritte tat – und aus seinen sieben Fußabdrücken wuchsen sieben Lotusblumen. Einst durften nur die höchsten buddhistischen Würdenträger Kleider aus Lotusseide tragen, in der Mythologie waren sie sogar den Unsterblichen vorbehalten. Heute lässt ein italienisches Luxusmodehaus Lotusseide für maßgeschneiderte, Tausende Euro teure Jacketts in Burma spinnen. Man sagt, dass die Lotusseidenspinner eine reine Seele haben müssen, sonst verweigere sich ihnen der Lotus. Sie ziehen feine Fasern aus dem Lotusstengel, drehen sie zu Fäden und zwirbeln diese dann zu Garn. Maximal hundert Gramm Seide schafft ein Spinner pro Tag, ein ganzes Leben lang müsste er arbeiten, um sich ein Lotusseidenjackett leisten und sich dann unsterblich fühlen zu können.

UNTEN Nur Buddha lächelt: ein Steinmetz in Mandalay bei seiner harten Arbeit.

LINKS Um mehr Gläubige in sein entlegenes Kloster zu locken, hat der Abt des Shwemyetman-Klosters bei Pyay seiner größten Buddha-Statue eine dekorative Brille aufsetzen lassen.

OBEN Es dauerte nicht lange, bis das Gerücht die Runde machte, dass der bebrillte Buddha Augenleiden heilen könne. Jetzt kann sich das Kloster vor Besuchern kaum noch retten.

OBEN Kaum ein anderes Land in Asien ist so von seinem Glauben durchdrungen wie Burma. Und kaum ein anderes ist so lückenlos mit Pagoden und Klöstern möbliert.

RECHTS Oft stehen sie an den schönsten Orten so wie am Kandawgyi-See in Taungoo, an dem die Frauen aus den Dörfern ringsum abends ihr Wasser holen.

**LINKS** Sie sollte das größte buddhistische Heiligtum des Erdballs werden und ist doch eine Ruine geblieben: die Mingun-Pagode in Zentral-Burma, die auch Mantara-Gyi-Pagode genannt wird.

**UNTEN** Zum Glück steht die Bestimmung dieses Karrens gleich doppelt auf der Plane. Sonst würde man nicht auf die Idee kommen, dass dies ein Touristentaxi ist.

**FOLGENDE DOPPELSEITE** Abendstimmung mit einheimischen Bewunderern am Ufer des Irrawaddy bei Bamo.

# BAGAN – GESCHICHTE ZWISCHEN GLAUBE UND MACHT

Es ist der überwältigendste Ort Burmas, eine versunkene, verzauberte Stadt mit mehr als 2000 Tempeln und Pagoden, riesenhaft in ihrer Ausdehnung und doch intim in ihrer poetischen Schönheit. Und am allerschönsten ist Bagan im ersten Licht des Tages.

**VORHERGEHENDE DOPPELSEITE**
Schönheit am Rande der Unwirklichkeit: Besonders am Morgen, wenn der Nebel noch als zarter Schleier durch die Tempel weht, ist Bagan ein Ort von überwältigender Mystik.

**LINKS** Die größte archäologische Anlage Südostasiens neben Angkor in Kambodscha ist Bagan mit seinen etwa 2200 Tempeln. Und einst waren es noch viel mehr.

**UNTEN** Fast alle Tempel sind aus roten Ziegelsteinen errichtet, die kleinsten, die kaum größer sind als eine Hundehütte, nicht anders als die Giganten unter den Gotteshäusern wie der Sulamani.

OBEN In seiner Blütezeit vom 11. bis zum 13. Jahrhundert war Bagan eine der größten Städte der Erde. Von der einstigen Pracht sind nur stumme Zeugen geblieben.

RECHTS Vielleicht die schönste Art und Weise, Bagan zu erleben: eine Ballonfahrt am frühen Morgen über ein Meer aus Tempeln und Pagoden, die sich langsam aus dem Nebel schälen.

**LINKS** Mitunter wird es eng im Luftraum über Bagan. In der Hochsaison steigen oft ein Dutzend Heißluftballone auf und schweben über der Tempelstadt wie Gesandte des Himmels.

**UNTEN** Eine steinerne Schönheit mit einer schrecklichen Geschichte: König Narathu ließ um 1170 der Dhammayangyi-Tempel errichten, um Abbitte für die Ermordung seines Vaters zu leisten.

**LINKS UND FOLGENDE DOPPELSEITE** Bagan ist keine Totenstadt, ganz im Gegenteil: Zwischen den Tempeln und Pagoden leben Hunderte von Bauern, die hier ihre Felder bestellen und ihre Tiere weiden lassen.

**OBEN** Noch ist Bagan ein Ort, den man fast für sich allein haben kann – sofern man sich seinen Weg abseits der Haupttempel sucht, um sich dann wie ein Entdecker zu fühlen.

# Ein buddhistisches Atlantis in den Tropen

OBEN Bagans magischer Moment: Die Tempelstadt erwacht im ersten Sonnenlicht.

Man muss allein sein an diesem Ort der Entrückung und der Magie, vielleicht auch zu zweit, aber keinesfalls in einer Gruppe. Man muss sein Herz vor Staunen pochen, seinen Atem vor Aufregung stocken hören, wenn man in der alten Königsstadt Bagan auf die Dachplattform einer der großen Pagoden steigt und so schnell nicht mehr, möglicherweise auch nie wieder, von hier oben herunter will. Denn das, was man sieht, ist ein Anblick wie nicht von dieser Welt, ein Panorama wie aus einem mystischen Paralleluniversum, gemacht für die Augen von Göttern, nicht von Irdischen. Es ist so unglaublich, dass man sich fühlt, als sei man aus Raum und Zeit gefallen, als habe man eine andere Wirklichkeit durch ein unsichtbares Tor betreten. Man sieht Hunderte, Aberhunderte, Tausende von Pagoden, die scheinbar nur für einen selbst in allen Himmelsrichtungen aus Feldern und Weiden, aus Staub und Dunst wachsen. Manche sind klein wie Kapellen, andere mächtig wie Kathedralen, und alle wurden aus roten Ziegelsteinen aufgetürmt, rot wie die Kutten der Mönche Burmas und die Farbe des Glaubens. Taumelnd vor Überwältigung

OBEN Blick auf den Ananda-Tempel, der zu den größten Bauwerken Bagans zählt.

RECHTS Friedlicher Gigant: der berühmte liegende Buddha im Manuha-Tempel.

fragt man sich: Was in Gottes Namen ist das hier? Die große, geheimnisvolle Nekropole der Pagoden? Die auf die Erde verbannten Ruinen einer Himmelsstadt? Ein trockengelegtes, buddhistisches Atlantis?

Es ist neben Angkor in Kambodscha die größte archäologische Anlage in Südostasien und ganz gewiss der grandioseste Ort in Burma. Auf der ungeheuren Fläche von 36 Quadratkilometern erheben sich in Bagan 2200 Ziegelsteintempel als stumme Zeugen einer glorreichen Zeit, die längst im Staub der Geschichte versunken und vergessen ist. 6000, vielleicht auch 12 000 Tempel gab es einmal in Bagan, das auf dem Höhepunkt seiner Blüte vom 11. bis zum 13. Jahrhundert fünfzehnmal größer war als Paris oder London im Mittelalter.

Zwischen den Pagoden standen damals lauter Paläste. Doch sie waren ausnahmslos aus Holz errichtet und verschwanden, ohne Spuren zu hinterlassen. Vielleicht sind die Tempel deswegen in Wahrheit Mahnmale der »vanitas mundi«: Seht her, ihr Menschen, scheinen sie uns zu sagen, die Paläste eurer Königsstadt, die Fanale eurer irdischen Macht und Pracht, haben die Stürme der Zeit nicht überlebt. Das war nur den Sakralbauten vergönnt, die zu Ehren höherer Herren errichtet wurden. So sitzt man hier oben auf der Plattform, denkt über die Vergeblichkeit und Vergänglichkeit allen menschlichen Strebens nach – und ist sich sicher, dass Buddha höchstpersönlich seine schützende Hand über diesen Pagoden-Planeten halten muss. Sonst gäbe es all das längst nicht mehr.

Doch auch in Bagan gibt es, wie so oft in Burma, hinter der Schönheit eine tragische Wahrheit: Das Bagan, das wir jetzt sehen, ist keine Demonstration göttlicher Schutzmacht, sondern menschlicher Gottesfurcht. Bei einem fürchterlichen Erdbeben im Jahr 1975 wurden fast alle Tempel zerstört oder beschädigt. Und in einem unfassbaren Kraftakt setzten die bettelarmen Burmesen 2000 Pagoden wieder in Stand und Glanz, weil es in diesem Land nicht sein kann, dass Gotteshäuser in Trümmern liegen. Nur deswegen können wir jetzt hier oben auf der Pagodenplattform sitzen, schweigend und berauscht von der Illusion der Endgültigkeit dieser sakralen Landschaft, von ihrer monumentalen Intimität und triumphalen Stille, die irgendwann gespenstisch wird.

Denn noch ist Bagan kein zweites Angkor, keine Welttouristenattraktion, die ihre Besucher in Millionen zählt und unter dem Ansturm ihrer Bewunderer fast zusammenbricht. Bagan ist schon ein paar Meter hinter dem Haupteingang menschenleer und totenstill bis auf ein paar zwitschernde Vögel, einen rumpelnden Ochsenkarren am Horizont, eine Handvoll radelnder Touristen. Es ist ein Ort, den man nicht mit lärmenden

OBEN Zu den entlegenen Tempeln kommt man am besten mit Fahrrad und Ochsenkarren.

Massen und fliegenden Händlern teilen muss. Stundenlang kann man hier zu Fuß oder mit dem Fahrrad umherstreifen und sich fühlen wie ein Archäologe des 19. Jahrhunderts, der zum ersten Mal sieht, was der Menschheit über Jahrhunderte verborgen war. Oder aber man entrückt der Welt im Wortsinne und schwebt im Morgengrauen mit einem Heißluftballon über Bagan, schon kein Mensch mehr, sondern halb Vogel, halb Erzengel, ein Himmelsbewohner, zu dessen Füßen sich die ganze Pracht des alten Burma ausbreitet.

Ein Ballon über Bagan ist nicht der schlechteste Ort, um dieses Land und seine Geschichte zu begreifen. Hoch über den Tempeln der Königsstadt versteht man, wie eng Glaube und Macht, Irdisches und Himmlisches in Burma immer verbunden waren. Die zentrale Idee des burmesischen Königtums war die Gestalt des »dhammaraja«, des gerechten Herrschers. In all seinem Tun hatte er den »dhamma« zu folgen, den buddhistischen Wahrheiten. Der König war dabei in seinem und im Verständnis seiner Untertanen der »cakravartin«, der Dreher des weltlichen Rades, während Buddha das geistliche Rad in Schwung hielt. Deswegen wurden königliche Paläste auch immer als Abbild des buddhistischen Kosmos errichtet.

In der politischen Praxis führte die Idee des Gottkönigtums allerdings zu einer absoluten Monarchie. Der Gottkönig war nicht nur der Herrscher über Leben und Tod, sondern auch der Besitzer des gesamten Landes. Ein noch gravierenderes Problem war die unklare Nachfolgeregelung der Könige. Es gab keine Primogenitur wie in europäischen Dynastien, der natürliche Erbfolger war also nicht der Erstgeborene. Stattdessen sollte immer der Sohn mit dem besten Karma von seinem Vater den Thron erben, derjenige, der sich in seinen vorangegangenen Leben die größten Verdienste erworben hatte. Und da die Bewertung dieses Kriteriums leicht anzuzweifeln war, ist die Geschichte Burmas auch eine Geschichte der Bruderkriege, Familienzwiste und Palastintrigen.

Wann diese Geschichte genau beginnt, ist bisher kaum erforscht worden. In Burma gibt es fast keine archäologischen Grabungen, sondern nur viele Vermutungen. Wahrscheinlich war das heutige Staatsterritorium schon 3000 vor Christus besiedelt. Im ersten vorchristlichen Jahrhundert entstanden dann die ersten Stadtstaaten des Volkes der Pyu, die vor allem im Norden des Landes siedelten. Es waren hinduistische Reisbauern, deren Kultur sich stark an Indien orientierte. Im 5. Jahrhundert nach Christus verdrängte der Buddhismus allmählich den Hinduismus, während sich im Süden der Staat der Mon als frühe Hochkultur entwickelte.

Eine entscheidende Wende brachte das 9. Jahrhundert: Die Herrschaft der Mon hatte ihren Zenit überschritten und verfiel. Das Machtvakuum nutzten Birmanen aus den nördlichen Nachbarländern, die nun nach Burma einwanderten und bis heute dort die größte Ethnie stellen. Ihren ersten bedeutenden Herrscher hatten sie in König Anawrahta, der von 1044 bis 1077 regierte. Er unterwarf die Mon, eroberte die Reiche im Irrawaddy-Delta, gründete das erste burmesische Großreich und nannte es nach seiner Hauptstadt das Reich von Bagan. Gleichzeitig setzte sich der Theravada-Buddhismus im Wettstreit der buddhistischen Strömungen durch, der bis heute dominiert.

Zimperlich war König Anawrahta nicht. Er tötete seinen Halbbruder Sokkadae, den Herrscher eines der vielen Kleinstaaten in Burma, um an sein Ziel zu kommen. Das Blut des Bruders floss in den Irrawaddy und färbte ihn rot. »Doch nicht das Blut rötete das Wasser, sondern die Morgendämmerung eines neuen Zeitalters« – so heißt es in einer burmesischen Legende. Das klingt poetischer, als die politische Wirklichkeit war. Denn der Halbbrudermord sollte zum Menetekel der Geschichte Burmas werden, die fortan immer auch mit Blut geschrieben wurde.

Das Reich von Bagan blühte, und es geschah, was in solchen Situationen so oft geschieht: Den Königen stiegen ihre Erfolge zu Kopf. Sie verloren jedes Maß und hielten sich für unbesiegbar. Dieser Selbstüberschätzung erlag auch König Narathihapate, der 1273 gegen den mächtigsten, unbezwingbarsten, gefährlichsten aller Gegner aufbegehrte – China, das damals von den Mongolen beherrscht wurde und Tributzahlungen von Bagan verlangte. Narathihapate ließ die Gesandtschaft des Kublai Khan ermorden, woraufhin der grausame Kaiser von China nicht nur eine, sondern gleich vier Strafexpeditionen nach Burma schickte. Bagan wurde dem Erdboden gleichgemacht und der letzte König des Reiches 1299 von Häschern des konkurrierenden Volkes der Shan ermordet. Burma zerbrach in zwei verfeindete Reiche: Ava im Norden, das von den Shan dominiert wurde, und Pegu im Süden, das die wiedererstarkten Mon beherrschten.

Vierzig Jahre lang bekriegten sich die Shan und die Mon und ahnten wahrscheinlich nicht, dass ihr Kampf nur der Auftakt für Jahrhunderte der ständigen, blutigen Auseinandersetzungen zwischen den Völkern Burmas sein sollte. Viele Staaten konkurrierten miteinander, wobei kein einziger stark genug war, Burma friedlich zu einen.

UNTEN Suche nach Erleuchtung: Buddha-Statue in einer Nische des Pyathada-Tempels.

Und so erschütterten Bruderkriege und Bürgerkriege bis ins 19. Jahrhundert das Land. Hier nur ein paar Beispiele: 1752 eroberten die Mon das Reich von Ava und ermordeten König Mahadammaya. 1757 fielen die Konbaung-Herrscher, die in Ava die Macht an sich gerissen hatten, im Mon-Reich ein und ließen dessen König hinrichten. Der Konbaung-König Alaungpaya wiederum starb 1760 und war kurz zuvor auf die glorreiche Idee gekommen, sämtliche seiner sieben legitimen Söhne zu seinen Nachfolgern zu bestimmen. Sie sollten nacheinander auf dem Thron sitzen, was natürlich nicht funktionierte, sondern in einem grausamen, zwanzig Jahre währenden Bruderstreit mündete.

Es war die innere Zerrissenheit Burmas, die es den britischen Kolonisatoren so leicht machte, das Land unter ihre Kontrolle zu bringen. Nachdem sich das Empire in Indien etabliert hatte, geriet Burma schnell ins Zentrum seiner Aufmerksamkeit. Die reichen Bodenschätze weckten Begehrlichkeiten, und so zettelte die Krone drei Kriege an, an deren Ende die vollständige Unterwerfung der Burmesen stand. Im Ersten Britisch-Burmesischen Krieg von 1824 bis 1826 verlor Burma seine Besitzungen im Westen, darunter die heutigen indischen Bundesstaaten Assam und Manipur. 1852 musste es im Zweiten Britisch-Burmesischen Krieg seine Küstengebiete an Großbritannien abgeben. Der dritte Krieg endete 1885 mit der bedingungslosen Kapitulation. Am 1. Januar 1886 wurde Burma ein Teil von Britisch-Indien. Der Widerstand der Bevölkerung wurde rigoros niedergeschlagen, der König ins Exil nach Indien geschickt, und Großbritannien hatte in Hinterindien den Höhepunkt seiner Macht erreicht.

Im Vergleich zu den tragischen Ereignissen, die Burma im Laufe des 20. Jahrhunderts erdulden musste, erscheint die britische Herrschaft beinahe wie ein irdischer Paradiesgarten. Sie endete so abrupt wie brutal im Jahr 1942: Japan besetzte Burma, installierte eine Marionettenregierung und herrschte mit eiserner Faust über das Land. Doch es regte sich Widerstand. Unmittelbar nach Beginn der Besatzung entstand eine Unabhängigkeitsbewegung unter dem Nationalhelden General Aung San, dem Vater der Freiheitsikone Aung San Suu Kyi. Er war der unbestrittene Chef der AFPFL, der Anti-Fascist People's Freedom League, die allerdings

UNTEN Ein Bild wie eine Kalligrafie: Reisbauer auf der U-Bein-Brücke bei Amarapura.

OBEN Der wiederaufgebaute Palast des letzten Königs von Burma in Mandalay.

UNTEN Sichere Burg: Ein Wassergraben schützt den königlichen Palast vor Angreifern.

gegen die japanische Militärmacht keine ernsthafte Siegchance besaß.

Nach der Kapitulation Japans 1945 wurde Burma zwar formell wieder britisch, doch tatsächlich von Aung San regiert. Er entwarf eine Verfassung, handelte mit den Briten die Bedingungen für die Unabhängigkeit aus, weigerte sich, dem Commonwealth beizutreten, wollte lieber den Weg des Sozialismus einschlagen – und wurde in blutiger burmesischer Tradition am 19. Juli 1947 von seinen politischen Rivalen ermordet. Sein Todestag ist bis heute ein nationaler Feiertag und Aung San noch immer die einzige nationale Identifikationsfigur, die von allen burmesischen Ethnien gleichermaßen verehrt wird.

Drei Jahre nach Ende des Zweiten Weltkriegs und ein Jahr nach der Ermordung Aung Sans wurde der Traum wahr: Burma war ein unabhängiger Staat. Doch der Traum sollte zum Albtraum werden. Die Feiern zur Staatsgründung 1948 waren kaum vorbei, da wurde das Land schon von Anschlägen kommunistischer Untergrundgruppen und von separatistischen Kleinkriegen erschüttert. Fast alle Ethnien wollten sich von Rangun lösen und dieses Ziel mit Gewalt durchsetzen. Die christlichen Minderheiten, allen voran die Kachin, erklärten der Zentralregierung endgültig 1961 den Krieg, als der Buddhismus zur Staatsreligion erhoben wurde. Burma taumelte immer tiefer in eine Spirale des Blutvergießens und der Hoffnungslosigkeit.

Das nahm das Militär 1962 zum Vorwand, um sich an die Macht zu putschen. General Ne Win war nun der starke Mann. Er schottete das Land hermetisch ab und schlug den »burmesischen Weg zum Sozialismus« ein, der direkt in den wirtschaftlichen Abgrund führte. Fünfzig Jahre lang sollte die Schreckensherrschaft der Junta dauern, in der es für Menschenrechte, Demokratie oder Freiheit keinen Platz gab, sondern nur für Angst, Gewalt und Schmerz.

Was mögen die Menschen gedacht haben, als sie vor fast tausend Jahren Bagan gründeten? Ahnten sie damals schon, welche Prüfungen das Schicksal ihrem Land auferlegen würde? Hatten sie eine Vorstellung von all dem Leid und Blut, das ertragen und vergossen werden würde? Daran muss man denken, wenn man heute durch die Pagoden von Bagan wandert, verzaubert von ihrer Schönheit und Mystik – und von der Friedfertigkeit dieses Ortes, die angesichts der Geschichte Burmas so unwirklich wie ein Trugbild erscheint. Doch sie ist keine Schimäre. Denn immer wieder begegnet man Menschen, deren Friedfertigkeit und Freundlichkeit ebenso überwältigend sind wie Bagan selbst. Und in diesen Momenten weiß man, dass die Geschichte, so grausam sie auch sein mag, den Burmesen weder ihren Glauben an das Gute noch ihre Hoffnung auf eine bessere Zukunft geraubt hat.

OBEN Burma ist bis heute ein Land der Handwerkstraditionen. Lackwaren zum Beispiel werden noch so hergestellt wie seit Generationen, weil durch die politische und wirtschaftliche Isolation jahrzehntelang keine Industrialisierung stattfinden konnte – was zumindest für das Kunsthandwerk ein Segen ist.

OBEN Ein Verkaufsraum mit kunstvoll gestalteten Lackarbeiten. In die Oberflächen werden Motive geritzt, danach werden die Farben aufgetragen, die in den Ritzen trocknen.

LINKS Trinkwasser wird in Burma oft noch sehr archaisch auf Büffelkarren in alten Fässern zu seinem Bestimmungsort transportiert.

OBEN Bagan kämpft pausenlos gegen den Verfall. Für die Renovierungsarbeiten an den Tempeln werden Gerüste aus Bambus errichtet, die genauso haltbar sind wie solche aus Eisen.

BAGAN GESCHICHTE ZWISCHEN GLAUBE UND MACHT

**LINKS** Jugendliches Empfangskomitee: Der kleine Sohn des Tempelwächters heißt überschwänglich die Besucher willkommen und weist ihnen den Weg zur Aussichtsterrasse.

**OBEN** Ein Sakralbau in der indischen Region Bihar stand im 13. Jahrhundert Pate für den Mahabodhi-Tempel in Bagan, in dessen Nischen fast fünfhundert Buddha-Statuen stehen.

LINKS Der 1227 unter König Narapatisithu vollendete Gawdawpalin-Tempel mit seinen sieben Terrassen und der mächtigen Turmspitze ist das zweitgrößte Bauwerk in Bagan.

OBEN Strahlende Fanale der Unerschütterlichkeit des buddhistischen Glaubens: der Thatbyinnyu-Tempel (links) und der Ananda-Tempel in voller nächtlicher Illumination.

OBEN Mit den Geistern sollte man sich gut stellen, sonst droht Ungemach: Huldigung der Nats, der animistischen Götter der Burmesen, auf dem Berg Popa.

RECHTS Prozession der Demut und Askese: Buddhistische Mönche brechen am frühen Morgen vor dem Berg Popa zu ihrem täglichen Bettelmarsch auf.

BAGAN GESCHICHTE ZWISCHEN GLAUBE UND MACHT  92

**LINKS** Der Berg Popa, ein erloschener Vulkan fünfzig Kilometer südöstlich von Bagan, ist für die Burmesen ein heiliger Ort. Denn hier wohnen die Nats, ihre Schutzgeister.

**OBEN** Zu jeder Tages- und Nachtzeit pilgern die Menschen auf den Berg, der von Klöstern geradezu umzingelt ist und seinen Namen dem Sanskrit-Wort für Blume verdankt.

BAGAN GESCHICHTE ZWISCHEN GLAUBE UND MACHT

## MANDALAY – DIE ALLGEGENWART BUDDHAS

Einer Prophezeiung ist es zu verdanken, dass Mandalay als letzte Hauptstadt des burmesischen Königreichs am Ufer des Irrawaddy gegründet wurde – und der tiefe Glaube der Burmesen hat diesen Ort zum geistigen und spirituellen Zentrum des Landes gemacht.

**VORHERGEHENDE DOPPELSEITE**
Der Abt des Klosters eröffnet mit einem Gebet die allmorgendliche Zeremonie, bei der das Gesicht des Mahamuni-Buddhas gereinigt wird.

**LINKS** Der Sandamuni-Tempel bildet gemeinsam mit dem benachbarten Kuthodaw-Tempel das »größte Buch der Welt«: 729 weiße Stupas, die jeweils eine Marmorplatte beherbergen.

**OBEN** Auf diesen Platten, zu denen man durch ein reich verziertes Tor gelangt, ist der sogenannte Pali-Kanon niedergeschrieben, der Buddhas Leben schildert und seine Lehren darlegt.

OBEN Wie eine Armee der Weisheit stehen die Pagoden des Kuthodaw-Tempels in Reih und Glied. Sich einmal durch das weltgrößte Buch zu lesen, ist fast schon eine Lebensaufgabe.

RECHTS Die Tempel wurden 1868 aus Anlass des Fünften buddhistischen Konzils errichtet, das in Mandalay stattfand und die Lehren Buddhas für alle Gläubigen verbindlich fixierte.

FOLGENDE DOPPELSEITE Von einem breiten Wasserarm geschützt, erscheint der wiederaufgebaute Palast des letzten Königs von Burma in Mandalay auf diesem Bild fast uneinnehmbar.

MANDALAY DIE ALLGEGENWART BUDDHAS  100

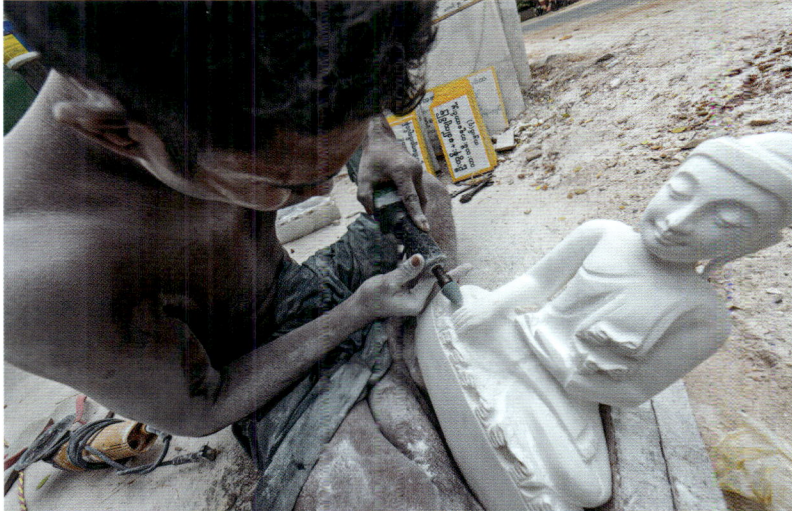

**RECHTS OBEN** Buddha-Statuen in allen Formen, Größen und Manifestationen: Das Viertel der Steinmetze in Mandalay gilt als Burmas Epizentrum für die Herstellung des Erleuchteten.

**RECHTS UNTEN** Der größte Teil der Arbeit wird noch immer mühsam von Hand erledigt, obwohl inzwischen auch modernes Gerät in den Werkstätten Mandalays Einzug hält.

**LINKS** Fast so echt, als seien sie in Wahrheit versteinerte Lebewesen, wirken die Buddha-Statuen, die in dem Steinmetzviertel zu Hunderten auf Käufer warten.

MANDALAY DIE ALLGEGENWART BUDDHAS 106

LINKS An den größten Statuen arbeiten ganze Brigaden von Handwerkern und gestalten die Gesichtszüge Buddhas ganz nach den individuellen Wünschen der Auftraggeber.

OBEN Nicht nur aus Marmor, sondern auch aus Metall werden die Statuen hergestellt – und bisweilen bis nach China exportiert, weil man dort Handarbeit besonders schätzt.

LINKS Archetypus der Armut: Ein eigenes Auto kann sich in Burma kaum jemand leisten. Umso voller sind die Sammeltaxis, bei denen jeder Platz mindestens doppelt belegt ist.

OBEN Achtung, Tiertransport! Zwei Chintes, Fabelwesen aus der buddhistischen Mythologie, die halb Drache, halb Löwe sind, werden durch Mandalay gefahren.

MANDALAY DIE ALLGEGENWART BUDDHAS

LINKS Die letzte Hauptstadt der burmesischen Könige, nach einer Prophezeiung gegründet: Blick vom Mandalay Hill auf den Westteil Mandalays mit dem Irrawaddy im Hintergrund.

OBEN Zwei steinerne Chintes bewachen den Weg, der zur Spitze des Mandalay Hill führt. Steigt man die 1700 Stufen zu Fuß hinauf, so heißt es, ist einem ein langes Leben beschieden.

MANDALAY DIE ALLGEGENWART BUDDHAS 111

# Die unauslöschliche Liebe zum Erleuchteten

**OBEN** Hier wird Buddhas ewige Weisheit verwahrt: die Stupas des Sandamuni-Tempels.

Es war Kaiser Ashoka der Große, der Herrscher über das mächtigste Reich der indischen Antike, der im 3. Jahrhundert vor Christus das Dritte buddhistische Konzil einberief, um von den klügsten Köpfen seines Imperiums die reine Lehre Buddhas festschreiben zu lassen. Sie taten es, und dann – so sagt es die Legende – sandte der Kaiser Mönche in alle Welt aus, um den Glauben des Erleuchteten zu verbreiten. Auch in den Osten zogen die Missionare, überquerten die Mündung des Ganges, überlebten die mörderischen Mangrovensümpfe der Sundarbans und kamen schließlich nach Suvarnabhumi, ins Goldene Land, in dem ihre Mission auf den fruchtbarsten Boden fiel. Und so ist Burma bis heute nicht nur immer noch das Land des Goldes, sondern auch jenes, das inbrünstiger als jedes andere auf Erden seinen buddhistischen Glauben pflegt.

Das begreift jeder Reisende in Burma sofort, denn die Zahl der Gotteshäuser, die er sieht, ist unfassbar groß. Soll man sie zählen? Kann man sie überhaupt zählen? Man gibt den Versuch schon nach wenigen Minuten auf, weil der Blick über die Landschaft taumelt, unfähig

OBEN Fünfzehn Zentimeter ist die Goldschicht des Mahamuni-Buddhas inzwischen dick.

UNTEN Jeden Morgen wird die vor Gold strotzende Statue rituell gereinigt.

zu glauben, welche Massen an Glaubensbeweisen hier zu sehen sind – Pagoden, Tempel, Stupas, Hunderte, Tausende, Zehntausende, vielleicht auch Millionen, majestätisch auf Hügeln thronend, schüchtern in Reisfeldern kauernd, wie Fata Morganas aus dem Dunst der Dämmerung stechend, wie Gottespaläste die Silhouette des gesamten Landes beherrschend. Sie scheinen aus der Erde zu sprießen und sich wie Wildwuchs zu vermehren, als bedecke eine dicke Humusschicht an Glaubensfruchtbarkeit den Boden, als sei er gesättigt mit Abermillionen Pagodensamen, die alle nur darauf warten, die Erdkrume zu durchbrechen und gen Himmel zu streben, zum Ruhme Buddhas und zum Seelenheil der Menschen. Denn wer in diesem Leben einen Tempel baut, so heißt es in Burma, werde im nächsten Leben glücklicher und im übernächsten vielleicht schon erlöst sein. Welcher gute Buddhist wollte da zögern? Welcher einfache Reisbauer würde angesichts dieses Heilsversprechens keinen Tempel auf seinem Feld errichten?

Ganz Burma, so scheint es, ist ein einziger Tempelbezirk. Doch kaum irgendwo drängen sich so viele Pagoden auf so engem Raum wie in Mandalay, der nach Rangun zweitgrößten Stadt des Landes und der letzten Hauptstadt des unabhängigen, burmesischen Reiches. Im Jahr 1857 wurde Mandalay von König Mindon mitten im Nichts am Ufer des Irrawaddy errichtet – nicht weil er es sich größenwahnsinnig in den Kopf gesetzt hätte, sondern weil es göttlicher Wille war. Denn nach einer uralten Prophezeiung sollte am Ufer des Irrawaddy am 2400. Geburtstag des Buddhismus eine neue Metropole entstehen. Astrologen berechneten den exakten Standort, der König gehorchte der Prophezeiung, Mandalay wurde geboren. Ein glückliches, friedvolles Schicksal aber sollte der Stadt nicht vergönnt sein.

Die Briten plünderten sie 1885 nach ihrem Sieg im Dritten Britisch-Burmesischen Krieg, die Japaner zerstörten sie im Zweiten Weltkrieg, die Burmesen bauten sie immer wieder auf. Und der englische Dichter Rudyard Kipling verlieh ihr wie zum Trost in seinem Gedicht »Road to Mandalay« die Aura eines Sehnsuchtsortes, so wie es sonst nur Bertolt Brecht mit Surabaya gelungen ist. Kipling schildert in seinem Werk die verzweifelte Liebe eines britischen Soldaten zu einem einheimischen Mädchen, all den wehmütigen Schmerz des Abschieds, der von Frank Sinatra und vielen anderen herzzerreißend besungen wurde.

Mahamuni, Sandamuni, Kuthodaw, Kyauktawgyi, Eindawya, Set Kya Thiha, Shwe Kyi Myint, Atumashi

OBEN Marmortafeln mit den Texten der Lehren und vom Leidensweg Buddhas im Sandamuni-Tempel.

Kyaung, Shwe In Bin Kyaung, Shwenandaw Kyaung: Legende ist die Zahl der Klöster und Pagoden in Mandalay. Ein halbes Jahr könnte man mit dem Besuch all dieser Tempel verbringen – oder auch ein halbes Leben, wenn man zum Beispiel den Kuthodaw-Tempel gründlich besichtigte. Denn er ist nichts weniger als das größte Buch der Erde. 1871 berief König Mindon das Fünfte buddhistische Weltkonzil nach Mandalay ein und ließ die Mönche über die richtige Fassung der Heiligen Schriften beraten, so wie es 2000 Jahre zuvor Kaiser Ashoka getan hatte. Sie kamen zu einem Ratschluss, den der König in 729 Marmortafeln meißeln ließ. Und für jede einzelne Tafel baute man eine Pagode. So entstand ein marmorner Pagodenwald, der die Wahrheit Buddhas für immer hütet.

Ganz aus Teakholz ist hingegen der Shwenandaw-Tempel errichtet, der von Tausenden Buddhas sowie allen Bewohnern des buddhistisch-hinduistischen Pantheons bevölkert wird. Aber auch Engel mit Flügeln finden hier Obdach, die christlichen Glaubenscousins der mythischen Vögel der indischen Nationalepen Ramayana und Mahabharata. Katholische Missionare hatten sie im Gepäck, als sie im 16. Jahrhundert nach Burma kamen, und das Herz der Burmesen war groß genug, ihnen im Teakholztempel ein Plätzchen zu reservieren.

Voller goldener Buddha-Statuen und himmelstürmender Pagoden ist auch der 236 Meter hohe Mandalay Hill, auf dessen Spitze eine Treppe mit mehr als 1700 Stufen führt. Zwei steinerne Chintes – halb Löwe, halb Fabelwesen – bewachen sie, Imbissstände und Souvenirbuden säumen sie, und Heerscharen von Gläubigen nehmen den beschwerlichen Weg frohen Mutes auf sich. Denn ein langes Leben, so heißt es, ist jedem beschieden, der hier zu Fuß hinaufsteigt.

So schön er auch sein mag: Nichts ist der Mandalay Hill gegen den Sagaing-Hügel zwanzig Kilometer südwestlich von Mandalay, der sich am Ufer des Irrawaddy erhebt. Er ist mit Tempeln, Stupas, Pagoden und Klöstern regelrecht gespickt, deren goldene Spitzen wie die Lanzen einer göttlichen Armee aus einem dichten, dunkelgrünen Wald von Teakbäumen und Tamarinden stechen. 6000 Mönche und 500 Nonnen leben auf diesem heiligen Berg des burmesischen Buddhismus. Und alle ihre Tempel und Klöster sehen gleich aus, alle wirken absolut alterslos, weil sie heute noch so gebaut werden wie vor tausend Jahren – und wie voraussichtlich auch noch in tausend Jahren. Das ist die Zeitlosigkeit des Glaubens, der kein Morgen und kein Gestern kennt, sondern nur die Ewigkeit Buddhas.

Der berühmteste, beeindruckendste, betörendste aller Tempel aber ist der Mahamuni, das Haus des Großen Buddha. Ihm machen alle Burmesen bei einem Mandalay-Besuch ihre Aufwartung, nicht nur die

Mönche und Pilger, sondern auch die weltlichen Herren, die sich dabei von ihren Hoffotografen ins rechte Licht setzen und dann die Aufnahmen im Tempel aufstellen lassen. Präsident Thein Sein ist auch schon da gewesen, ein Mann mit einem ernsten, aber offenen Gesicht, über das sogar eine Andeutung von Herzlichkeit huscht – eine subtile Propagandabotschaft, denn der Unterschied zu seinem Vorgänger von der Militärjunta könnte erschreckender nicht sein. Auf dessen Fotos genau gegenüber sieht man einen misstrauischen, feindseligen, hartherzigen Soldaten, der den Großen Buddha herumzukommandieren scheint wie einen Untergefreiten.

Vielleicht putzt er ihn gerade wegen seiner schlechten körperlichen Verfassung herunter. Denn es ist keine Ketzerei, wenn man sagt, dass der Große Buddha inzwischen jede Form und Proportion verloren hat. Doch er trägt keine Schuld daran. Schuld ist allein die maßlose Liebe der Menschen zu ihm, die eine Bilderfolge neben der Statue dokumentiert: Ein Foto aus dem Jahr 1901 zeigt ihn noch als ranken, schlanken Kerl. Seither aber haben Millionen Gläubige ihre Blattgoldspenden auf den Leib des Erleuchteten geklebt, der jetzt zu einem wulstigen Klops angeschwollen ist und immer noch dicker wird. Stoisch sitzt er goldfettleibig auf seinem goldenen Podest in einem goldglänzenden Saal, während seine Verehrer Schlange stehen, um den Vierteltonnengoldkoloss weiter mit Blattgold zu bekleben, und die Pilger zu seinen Füßen in tiefer Meditation versunken sind, manche in Safrankutten, andere in FC-Barcelona-Trikots und einige wenige auch in Tarnanzügen. Eines Tages wird der Große Buddha wohl vollkommen verschwunden sein unter seinem goldenen Gewand, weil die Verehrung der Burmesen für ihn auch in hundert Jahren noch kein Ende genommen haben wird.

Nicht umsonst gelten die Burmesen in der buddhistischen Welt als besonders strenggläubig. Sie sind in ihrer überwältigenden Mehrheit Anhänger der Theravada-Schule, der ursprünglichsten und strengsten aller buddhistischen Lehren, deren wörtliche Übersetzung »Schule der Ältesten« bedeutet. Ihre Gründer sollen noch von Buddha selbst unterrichtet worden sein. Die Glaubensrichtung ist vor allem in Südostasien und Sri Lanka verbreitet. Ihr Ziel ist es, den Kreislauf der Reinkarnationen zu durchbrechen, alles Irdische zu überwinden und ins Nirwana einzutreten. Das soll vor allem dank eigener

UNTEN Blick auf den Sagaing-Hügel, der mit Tempeln, Klöstern und Pagoden gespickt ist.

MANDALAY DIE ALLGEGENWART BUDDHAS

Anstrengung und Läuterung, also individueller religiöser Verdienste, gelingen. Deswegen ist es für die Burmesen existenziell, die Regeln des Theravada-Buddhismus so rigoros wie möglich einzuhalten.

Jeder Burmese muss in seinem Leben einige Monate im Kloster verbringen, und Hunderttausende streifen für immer die safranrote Kutte über. Die Zahl der Mönche lässt sich nur schätzen. Manche sprechen von 400 000, andere von doppelt so vielen. Unzweifelhaft aber ist, dass es in keinem anderen buddhistischen Land mehr Mönche im Verhältnis zur Gesamtbevölkerung gibt als in Burma. Und nirgendwo sonst lässt man sich seinen Glauben so viel kosten wie hier.

Die Klöster sind weit mehr als nur Orte der Einkehr und Meditation. Sie sind auch Großfamilienersatz, Erziehungsanstalt und Schule. Hier werden diejenigen unterrichtet, um die sich sonst niemand kümmert und für die sich der Staat nicht interessiert – die Ärmsten der Armen oder die Kinder der versprengten Volksstämme aus den Bergen des Vielvölkerstaates Burma. Oft sieht man sie in den Klöstern unter einem Pagodendach im Kreis zusammensitzen, im Leierkastenchor ihre Lektionen aufsagen, dann erstaunt innehalten und die fremden Besucher aus Riesenrehaugen anschauen. Es sind Blicke vollkommen frei von Misstrauen, Argwohn und der Vorstellung, dass Menschen schlecht sein können. Es sind die schönsten Souvenirs, die man aus Burma mitnimmt.

Oder ist das kostbarste Andenken vielleicht doch der Anblick der Bettelmönche und ihrer Almosenprozessionen, dieser Hunderttausende Mann und Frau starken Gottesarmee, die nur mit einem Bettelnapf bewaffnet ist und friedlich durch Städte und Dörfer zieht? Jeder scheint in diesem Gottesheer willkommen zu sein, Greise und Kinder, Kräftige und Klapperdürre, Spaßvögel und Melancholiker. Es sind lauter Menschen ohne irdischen Ballast, alle kahlgeschoren und viele barfüßig, denen der höchste Respekt und die tiefste Demut entgegengebracht wird. Immer wieder bekommt man trotz Tropenhitze eine Gänsehaut, wenn man Zeuge dieser Ehrbezeugungen wird, weil sie in ihrer Selbstverständlichkeit so würdevoll und in ihrer Würde so selbstverständlich sind.

Dutzende Male kann man auf einer Reise durch das Land erleben, wie sich ein Burmese einem Bettelmönch nähert, vor ihm aus seinen Latschen schlüpft, so

UNTEN Eine Handvoll Reis, kaum mehr: Speisung der Mönche im Mahagandayon-Kloster.

**OBEN** Jeder Burmese muss einige Monate im Kloster verbringen – so wie dieser Novize.

**UNTEN** Die gute Tat: Reisspende an einen Mönch beim allmorgendlichen Bettelgang.

nackt wie er im Staub steht, sich tief verneigt und ihm dabei mit beiden, wie zum Gebet gefalteten Händen eine Spende überreicht, ein paar Körner Reis, ein bisschen Geld, einen Schatz an Menschlichkeit für den Abgesandten Gottes. Doch keine reine Philanthropie sind die Almosen, sondern sichere Wege für die Spender, ihr Karma zu verbessern und so der ausweglosen Folge von Reinkarnationen wieder ein bisschen mehr zu entkommen. Aus diesem Grund werden auch die Tempel so reich beschenkt, selbst von den korrupten Generälen, und mitunter macht schon das böse Wort vom Ablasshandel die Runde.

Niemals käme man beim Anblick der Bettelmönche auf die Idee, dass die Buddhisten Burmas etwas anderes als sanftmütige Gottesdiener sein könnten, als Menschen auf dem Pfad der Erleuchtung, denen alles Böse, Schlechte, Niederträchtige fremd ist. Und doch entpuppt sich Burma auch, wenn es um seine Glaubenskultur geht, als janusköpfiges Land, in dem es mehr als eine Wahrheit gibt und jede Wahrheit immer auch ihr Gegenteil in sich zu tragen scheint. Denn die Kehrseite der frommen Friedfertigkeit ist ein militanter Buddhismus, der sich vor allem im Hass auf die Muslime im Land Bahn bricht. Immer wieder kommt es zu spontanen Gewaltausbrüchen und sogar zu Pogromen, genährt vom Irrglauben einer moralischer Überlegenheit des Buddhismus und von einer diffusen Angst vor einer muslimischen Weltherrschaft – auch Buddhisten morden, das musste unlängst selbst der Dalai Lama resigniert eingestehen.

Besonders berüchtigt ist die Extremistengruppe »969«, die von dem Mönch Ashin Wirathu aus dem Kloster Maseyein in Mandalay angeführt wird. Neun Jahre saß er schon wegen antimuslimischer Propaganda im Gefängnis. Jetzt ist er amnestiert worden und schürt weiter den Hass, macht die Muslime für alle Probleme in Burma verantwortlich, wirft ihnen Morde und Vergewaltigung vor. Der Name seiner Gruppe leitet sich von den neun Tugenden Buddhas, den sechs Tugenden seiner Sittenlehre und den neun Lehren der Sangha ab, der buddhistischen Mönchsgemeinschaft. Wer aufmerksam durch das Land reist, wird immer wieder Aufkleber und Propagandazettel mit der Zahlenkombination »969« sehen.

Die Extremisten sind trotzdem eine verschwindende Minderheit, der eine überwältigende Mehrheit friedliebender Buddhisten gegenübersteht. Diese streben danach, ein »Arhat« zu werden, ein »Würdiger«, der nach der Vorstellung des Theravada-Buddhismus alle menschlichen Übel wie Gier, Hass, Neid überwunden hat. Und Menschen von einer Würde, die schon nicht mehr von dieser Welt zu stammen scheint, begegnet man in ganz Burma zum Glück auf Schritt und Tritt.

**LINKS** So festlich werden Novizen ins Kloster aufgenommen: Prachtvoll geschmückte Ochsen- und Pferdekarren begleiten sie auf dem Weg in ihr neues Leben jenseits aller weltlichen Dinge.

**OBEN** Die Kaunghmudaw-Pagode von Sagaing bei Mandalay war einmal weiß. Dann ließ sie die Regierung mit Goldfarbe anstreichen – zum Entsetzen der Bevölkerung.

**LINKS** 45 überlebensgroße Buddha-Statuen stehen in der U-Min-Thonze-Pagode auf dem Sagaing-Hügel und nehmen die Verehrung der Gläubigen gelassen entgegen.

**UNTEN** »Pagode der dreißig Höhlen« wird U Min Thonze auch genannt, die zu den beliebtesten Tempeln von Sagaing gehört – bei Pilgern wie Touristen.

LINKS Wie die kleine Schwester der berühmten Tempel von Borobodur auf der indonesischen Insel Java sieht Thannboddhay aus, der Tempel der 550 000 Buddha-Statuen bei Mandalay.

OBEN Als sei man in ein goldenes Labyrinth geraten, so fühlt man sich im 1952 vollendeten Thannboddhay-Tempel, dessen Architektur einzigartig ist in Burma.

LINKS Sieben Stufen sind es nach der buddhistischen Lehre vom irdischen Dasein bis ins Nirwana. Und erst auf der siebten lächelt man so versonnen wie die Buddhas von Thannboddhay.

OBEN Das Lächeln ist kein Zeichen der Nachlässigkeit: Die Burmesen gelten als strenggläubig und praktizieren die Theravada-Schule, die ursprünglichste aller buddhistischen Lehren.

MANDALAY DIE ALLGEGENWART BUDDHAS

**OBEN** Der Stehende und der Liegende: Zwei gigantische Buddha-Statuen sind die Hauptattraktionen der Aung-Setkya-Pagode bei Monywa – vor ihnen wirkt dieses Mädchen wie ein Zwerg.

**RECHTS** Fast 130 Meter misst der Koloss, der damit zu den größten Buddha-Statuen der Welt gehört. Am erstaunlichsten ist, dass er erst vor wenigen Jahren fertiggestellt wurde.

**LINKS** Buddhistische Mönche gehen auf der U-Bein-Brücke, der längsten Teakholzbrücke der Welt, zurück in ihr Kloster in der Stadt Amarapura wenige Kilometer südlich von Mandalay.

**OBEN** Bukolisches Idyll im Abendlicht: Ein Fischer wirft sein Netz auf dem Taungthaman-See aus, über den die 1200 Meter lange U-Bein-Brücke führt.

# VIELVÖLKERSTAAT – EIN LAND MIT TAUSEND GESICHTERN

Burma gibt es nicht, jedenfalls nicht das eine Burma, sondern ein und dasselbe Land in Dutzenden, wenn nicht Hunderten von Versionen – dank der vielen Völker, die sich hier eine Heimat teilen und dabei keineswegs immer friedlich zusammenleben.

**VORHERGEHENDE DOPPELSEITE**
Die Dörfer der Palaung befinden sich abgeschieden in den Bergen. Bis vor ein paar Jahren haben die Palaung noch vom Opiumanbau gelebt und konnten sich an diesen versteckten Orten sicher fühlen.

**OBEN** Ein Mann vom Bergstamm der Dahnu kocht ganz traditionell mit Holz. Elektrizität ist für viele Menschen hier oben noch ein unerreichbarer Luxus.

**LINKS** Ein Dorf der Pa-O auf dem Weg vom Inle-See zum Kalaw-Distrikt, der zu Zeiten der Briten ein Refugium vor der Hitze und dem Staub der Ebenen war.

LINKS Archaisches Dorfleben: Vor zehn Jahren hatte das 21. Jahrhundert beim Volk der Palaung hoch im unzugänglichen Norden Burmas noch kaum Einzug gehalten – inzwischen sind Holzhäuser und Ochsenkarren fast verschwunden.

OBEN Ein Markt der Pa-O mit Frauen in traditioneller Tracht: Sie tragen schwarze Jacken, dazu schwarze Wickelröcke und auf dem Kopf bunte Tücher in Form von Turbanen.

VIELVÖLKERSTAAT EIN LAND MIT TAUSEND GESICHTERN 135

**LINKS** Neue Lebensgrundlage: Haupteinnahmequelle der Palaung, die in den Bergen an der Grenze zu China leben, war früher der Opiumanbau – heute wird zumeist grüner Tee angepflanzt.

**OBEN** Die Armut ist bis heute die große Geißel der ethnischen Minderheiten in den Bergen Burmas: ein Palaung-Mädchen mit Thanaka-Paste im Gesicht bei der täglichen Arbeit.

LINKS Kinderarbeit aus purer Not, denn jede Hand wird gebraucht: Ein Pa-O-Mädchen stampft in einem großen Mörser Bohnen, um die Kerne von den Hülsen zu trennen.

OBEN Es kann bitterkalt werden in Burmas bergigem Norden. Deswegen freuen sich diese Dahnu über ein wärmendes Feuer, das sie nach ihrer Feldarbeit angezündet haben.

VIELVÖLKERSTAAT EIN LAND MIT TAUSEND GESICHTERN

OBEN Frauen vom Volk der Akha, das im Grenzland zu China lebt, tragen bis heute einen imposanten Kopfschmuck. Selbst bei der Arbeit auf dem Feld legen sie ihn nicht ab.

RECHTS Drei Kulturpflanzen gibt es, die jede Landschaft zuverlässig verschönern: Wein, Tee und Reis, wie diese terrassierten Felder im Osten Burmas eindrucksvoll belegen.

VIELVÖLKERSTAAT EIN LAND MIT TAUSEND GESICHTERN

**LINKS** Niemand weiß, woher die Akha ursprünglich kamen, vielleicht aus der Mongolei. Und da sie keine Schrift besitzen, ist niemals eine Chronik ihres Volkes aufgezeichnet worden.

**OBEN** Ein komplexes Verwandtschaftssystem entscheidet bei den Akha darüber, welcher Mann welche Frau heiraten darf. Liebe oder Sympathie spielen dabei meist keine Rolle.

**LINKS** Reis ist die Grundlage der Ernährung bei den Akha. Da sie im bergigen Norden Burmas leben, bleibt ihnen nichts anderes übrig, als die Landschaft aufwändig zu terrassieren.

**RECHTS OBEN UND UNTEN** Die meisten Akha leben noch immer so wie ihre Vorväter. Sie wohnen in Bambushütten, die auf Holzpfählen errichtet werden, kochen auf offenen Feuerstellen, glauben an die Geister der Natur und opfern ihnen Wasserbüffel, um sie gnädig zu stimmen.

# Fluch und Segen des Vielvölkerstaates

**OBEN** Reissetzlinge werden auf das Feld getragen, um sie im Wasser einzupflanzen.

In Burma gibt es Chin und Shan, Karen und Karenni, Kachin und Arakanesen, Mon und Wa, Padaung und Naga und noch mindestens hundert weitere Völker. Die meisten sind Buddhisten, viele Christen, manche Muslime oder Hindus, und einige glauben an die Geister der Erde und des Himmels. Fast alle bauen Reis an, doch auch Mohn für Opium steht auf ihren Feldern, und das Einzige, das sie eint, ist ihre Abneigung gegen die Zentralregierung. Die geschätzten 135 Ethnien Burmas werden in sieben Obergruppen zusammengefasst, um wenigstens einigermaßen den Überblick zu bewahren. Diese vielen Völker sind ein kostbares historisches Erbe, denn sie machen Burma zu einem der vielfältigsten und buntesten Länder Asiens. Und gleichzeitig sind sie die schwerste Erblast, die Burma zu tragen hat. Denn die Volksgruppen zögern keine Sekunde, ihre Interessen mit Waffengewalt zu verteidigen.

Die Mehrheit im burmesischen Vielvölkerstaat mit seinen 55 Millionen Einwohnern stellen zwar die Bamar mit einem Bevölkerungsanteil von 69 Prozent. Doch die Minderheiten wie die mehrheitlich buddhistischen

OBEN Eine alte Marktfrau vom Volk der Pa-O lässt sich ihren Stumpen schmecken.

RECHTS Die Stadt Pyin U Lwin, in der einst die Briten Zuflucht vor der Hitze suchten.

Shan (8,5 Prozent), die christlichen Karen (6,2 Prozent) oder die muslimischen Rohingya (4,5 Prozent) sind stark oder zumindest präsent genug, um den Staat immer wieder vor eine Zerreißprobe zu stellen. Zwischen der Mehrheit und den Minderheiten herrscht annähernd ein Patt, ein Gleichgewicht der Kräfte, das wiederum für die Langlebigkeit der ethnischen Konflikte sorgt. Einen Sieger wird es in diesem Kampf niemals geben. Die einzige Lösung ist eine friedliche Einigung.

Der historische Hintergrund des Konflikts ist die vergleichsweise klare geografische Trennung zwischen den Burmesen und den Ethnien. Die Burmesen besiedelten die zentrale Ebene und gründeten dort das Königreich von Bagan. Die Ethnien besetzten wie ein Kranz Orte rund um die Ebene, ließen sich in den Bergen, auf den Hochplateaus oder in den Küstengebieten nieder und hatten – bis auf wenige Ausnahmen – keine Ambitionen, das ganze Land zu beherrschen. Das Verhältnis zwischen Mehrheit und Minderheit war also immer ein Verhältnis zwischen Zentrum und Peripherie. Und genau diese Konstellation sollte sich während und nach der britischen Kolonialzeit als äußerst explosiv erweisen.

Die burmesischen Könige ließen die Minderheiten weitgehend in Frieden, unternahmen keine Versuche einer gewaltsamen Assimilierung und gaben sich mit Tributzahlungen zufrieden. So konnten die Ethnien ihre eigene Sprache und Kultur pflegen, ihre Götter anbeten, nach ihren Gesetzen leben und sich von ihren Herrschern regieren lassen. Die fragile Balance änderte sich unter der britischen Kolonialregierung schlagartig:

Die Burmesen wurden nun direkt von den Kolonialherren verwaltet und erlitten somit alle Nachteile einer Fremdherrschaft. Die Minderheiten hingegen blieben weitgehend sich selbst überlassen, mussten keine direkten Eingriffe in ihr Leben befürchten und waren dem Druck der Briten weit weniger ausgesetzt. Der antikoloniale Nationalismus, der unter den Burmesen seit den 1920er-Jahren immer mehr Anhänger fand, war ihnen deswegen vollkommen fremd.

Die Unabhängigkeit von den Briten war für die Minderheiten keine Erlösung vom Joch des Imperialismus. Sie hatten auch kein nennenswertes Interesse daran, Teil eines freien Staates Burma zu werden. Doch die Strahlkraft von General Aung San als nationaler Integrationsfigur war so groß, dass er fast alle Ethnien davon überzeugen konnte, der föderalen Union Burma beizutreten. Am 12. Februar 1947 wurde der Panglong-Vertrag feierlich unterzeichnet, der Burmas Grenzen

für alle Zeiten festlegen sollte. Am 19. Juli 1947 wurde Aung San ermordet – der Vertrag und damit der Friede unter den Ethnien war nur noch Makulatur.

Die Gewalt der Zentralregierung gegen die Minderheiten und der bewaffnete Untergrundkampf der Minderheiten gegen die Zentralregierung begleiteten fortan wie ein Totenglockenkonzert die Geschichte des unabhängigen Burma. Noch einmal drastisch verschärft wurde der Konflikt nach dem Putsch des Militärs 1962. Die offizielle Begründung für den Staatsstreich waren die Unabhängigkeitsbestrebungen der einzelnen Völker, die Burmas Einheit und territoriale Integrität gefährdeten. Das wollten die Generäle um keinen Preis dulden. Sie schafften die föderale Verfassung ab und ersetzten sie durch eine zentralistische, beschnitten die Rechte der Ethnien, unterdrückten sie systematisch, mordeten, folterten, vergewaltigten, verschleppten – und trieben dadurch so gut wie alle Minderheiten in den bewaffneten Kampf gegen Rangun. In jedem Randstaat entstanden Untergrundarmeen, formierte sich eine Guerilla, übte die Bevölkerung passiven Widerstand.

Es war ein zäher Kampf ohne Sieger und Besiegte. Ende der 1980er-Jahre blieb dem Militär nichts anderes übrig, als sich um einen Waffenstillstand mit den Kämpfern der Ethnien zu bemühen, die zu dieser Zeit knapp zwei Drittel des Landesterritoriums kontrollierten. Er kam tatsächlich zustande, war aber so fragil, dass er immer wieder gebrochen wurde. Und auch heute noch ist Burma weit von der Lösung seiner ethnischen Konflikte entfernt. Die Befriedung der vielen Völker wird die wohl wichtigste politische Aufgabe der Freiheitsikone Aung San Suu Kyi sein – und zugleich ihre schwierigste.

Es ist unmöglich, ein vollständiges Panorama der ethnischen Vielfalt Burmas zu zeichnen, es sei denn, man möchte eine ethnografische Enzyklopädie verfassen. Deswegen sollen an dieser Stelle nur die wichtigsten Volksgruppen vorgestellt werden – an erster Stelle die Shan, die mit einem Anteil an der Gesamtbevölkerung von acht bis neun Prozent die größte Minderheit bilden. Sie wanderten im 7. Jahrhundert vor Christus aus China ein und erreichten den Höhepunkt ihrer Macht im 14. Jahrhundert, als ihre Königreiche Ava und Sagaing nicht nur weite Teile Burmas beherrschten, sondern ihr Territorium bis nach China, Indien, Laos und Thailand ausdehnten. Heute leben die meisten Shan im Osten des Landes, sind

UNTEN Land des Lächelns: Das ist der Vielvölkerstaat Burma ohne jeden Zweifel.

OBEN Von Menschenhand modellierte Landschaft bei Pindaya im Staat der Shan.

in ihrer Mehrzahl Buddhisten und dank reicher Vorkommen an Gold, Silber, Blei, Wolfram, Rubinen, Saphiren und Teakholz vergleichsweise wohlhabend. Ein offenes Geheimnis ist es, dass manche Vertreter des Shan-Volkes in den Opiumanbau verstrickt sind. Der burmesische Teil des »Goldenen Dreiecks«, des größten Mohnanbaugebiets der Erde, liegt im Shan-Staat und ist eine todbringende Goldgrube – nach Schätzungen wird mit dem Opiumverkauf genauso viel Geld erlöst wie mit allen anderen Exporten Burmas zusammen.

Die überwiegend christlichen Karen stellen die zweitgrößte Minderheit. Sie haben sich im Süden und Südosten angesiedelt, dominieren das Irrawaddy-Delta und hatten maßgeblichen Anteil daran, dass Burma in den 1930er-Jahren zum größten Reisexporteur der Welt aufstieg. Ihre Abneigung gegen die Zentralregierung ist besonders ausgeprägt. Kurz nach Ende des Zweiten Weltkriegs gründeten sie die nationalistische Karen National Union und streiten seither mit Waffengewalt für ihre Unabhängigkeit von Burma. Mehr als sechzig Jahre dauert ihr Kampf inzwischen, der damit einer der ältesten Bürgerkriege der Welt ist.

Zu den ältesten Ethnien in Burma gehören die Mon, die im Süden leben, dank ihrer engen Kontakte zu Indien schon früh eine Hochkultur entwickelten und den Buddhismus annahmen. Neben den Khmer aus dem heutigen Kambodscha gelten die Mon als erstes Kulturvolk Südostasiens überhaupt. Ihre Zivilisation hatte einen starken Einfluss auf die übrigen Völker des Landes. Doch die Repressalien gegen die Mon waren im Laufe der Geschichte so stark, dass kaum Spuren ihrer Kultur überlebt haben.

Als besonders wehrhaft gelten die Kachin, die in den Bergen und Hochebenen des Nordostens beheimatet sind. Dank einer intensiven Missionierung während der britischen Herrschaft sind die meisten Kachin Christen. Seit 1961 kämpft die Kachin Independence Organization, die als eine der größten ethnischen Untergrundarmeen Burmas gilt, gegen die Zentralregierung. Die Karenni wiederum waren das einzige Volk, das sich 1948 nicht freiwillig dem neu gegründeten Staat Burma anschloss – mit grausamen Folgen, denn ihr kleines Territorium an der Grenze zu Thailand wurde von burmesischen Truppen besetzt. Seither kämpfen sie mit Waffen für ihre Unabhängigkeit.

Auch die Chin aus dem Nordwesten Burmas wollen nichts mit der Zentralregierung zu schaffen haben. Sie wanderten vor tausend Jahren aus Tibet ein, gehörten bis zur Kolonialzeit nie zu Burma und sind deswegen außerordentlich stolz auf ihre Unabhängigkeit. Vier Fünftel der Chin sind infolge der Missionierung durch baptistische Prediger Christen, wobei das Christentum eine gemeinsame Identität für die vielen Chin-Untergruppen wie die Falam, Mizo, Kuiki, Siyin oder Asho gestiftet hat. Ihre Heimat ist ein karges, bergiges Land, in dem es außer ein bisschen Nickel und Kupfer keine Bodenschätze gibt und wo kaum ertragreiche Landwirtschaft möglich ist. Deswegen wird dieses bettelarme Volk immer wieder von Hungersnöten heimgesucht. Die Not, die Unterdrückung durch die Armee und Rattenplagen biblischen Ausmaßes haben 100 000 Chin aus ihrer Heimat vertrieben. Sie leben heute meist unter erbarmungswürdigen Umständen in Indien und Malaysia.

Den umgekehrten Weg haben die muslimischen Rohingya eingeschlagen. Sie sind Elendsflüchtlinge aus Bangladesch, haben im Westen des Landes Zuflucht gefunden, gelten offiziell nicht als »ethnische Nationalität«, besitzen weder die burmesische Staatsbürgerschaft noch volle Bürgerrechte und werden nach Einschätzung der Vereinten Nationen so stark verfolgt wie kaum eine

UNTEN Eine Frau vom Stamm der Eng, auch Ann genannt, der im Goldenen Dreieck lebt.

OBEN Das Weben ist für das Volk der Chin fester Bestandteil seiner Kultur.

UNTEN Die Gesichtstätowierung ist den Chin mittlerweile per Gesetz verboten.

andere Volksgruppe weltweit – auch von militanten buddhistischen Mönchen. Immer wieder kommt es zu Pogromen gegen die Rohingya, und schon zweimal gab es nach Gewaltausbrüchen Massenfluchten nach Bangladesch.

Die Aufzählung lässt sich beliebig fortsetzen. Da sind die wilden Wa, die in den unzugänglichen Bergen in Ost-Burma leben, früher einen blutrünstigen Ruf als Kopfjäger genossen und heute tief in den Opiumhandel des Goldenen Dreiecks verstrickt sein sollen. Auch die Naga, die im Grenzland zu Indien siedeln und noch an ihre Naturgötter glauben, waren früher furchtlose Kopfjäger – und sollen es, so wird spekuliert, teilweise heute noch sein. Jedenfalls sprechen die Tätowierungen dafür, die sich die Naga-Krieger als Ausweis einer erfolgreichen Jagd auf die Brust stechen lassen.

Die Padaung wiederum haben mit ihren »Giraffenfrauen« traurige Berühmtheit erreicht. Sie legen den Mädchen schon in jungen Jahren bis zu zehn Kilogramm schwere Messingspiralen um den Hals. Mit seinem Gewicht drückt der Schmuck die Schultern allmählich nach unten, sodass die Illusion eines Halses so lang wie bei einer Giraffe entsteht. Der Ursprung dieser Sitte lässt sich nicht genau klären. Sie könnte auf ein Schönheitsideal zurückgehen oder einst ein Schutz vor Angriffen von Tigern gewesen sein. Vielleicht war sie früher auch nur eine zuverlässige Methode, den Familienschmuck sicher zu verwahren. Auf jeden Fall ist es eine schmerzhafte und äußerst ungesunde Tradition, die inzwischen touristisch ebenso exzessiv wie skrupellos vermarktet wird, als wäre die ethnische Vielfalt Burmas nichts weiter als ein Kuriositätenkabinett oder ein Menschenzoo. Dabei ist sie einer der schönsten Schätze des Landes.

LINKS Schweine sind für viele burmesische Bergvölker der wichtigste Fleischlieferant. Bis zu ihrem Tod haben die Tiere wahrlich kein schlechtes Leben.

RECHTS So einfach wird die Schale vom Reiskorn getrennt: Durch das Aufwerfen erreicht diese Frau vom Stamm der Akhu, dass der Wind die Schale fortbläst und das Korn zurückbleibt.

VIELVÖLKERSTAAT EIN LAND MIT TAUSEND GESICHTERN

LINKS Idyllisch nur auf den ersten Blick: Die Existenz der Bergvölker wie der Eng, die im Osten Burmas leben, ist hart und oft entbehrungsreich. Aus Rangun kommt keine Hilfe.

OBEN Nicht für die Menschen, sondern für die Schweine kocht diese alte Frau vom Volk der Eng. Und sie scheint dabei ihren Spaß zu haben, während ihr Enkelkind eher skeptisch schaut.

**VORHERGEHENDE DOPPELSEITE**
Über die Urwälder von Mrauk U in West-Burma ziehen Nebelschwaden – oft ist für diese der aufsteigende Rauch der Feuerstellen in den Bergdörfern verantwortlich.

**LINKS** Das Kauen von Betelnüssen gehört zu den großen Leidenschaften fast aller Völker in Burma. Auf Märkten wie diesem im Land der Chin werden sie en gros verkauft.

**OBEN** Jungen transportieren Wasser in Blechkrügen nach Hause, wie sie in Bangladesch üblich sind. Sie werden nur im Westen des Landes verwendet, im Grenzgebiet zu diesem Nachbarstaat

OBEN Der Laymyethna-Tempel im letzten Licht des Tages: Sein Name bedeutet wörtlich »Tempel der vier Seiten«, weil dieser Sakralbau in West-Burma einen viereckigen Grundriss besitzt.

RECHTS Hunderte von Tempeln und Pagoden verbergen sich im Dschungel von Mrauk U im Westen Burmas. Am schönsten ist es, wenn sich ihre Umrisse von den ersten Sonnenstrahlen erhellt langsam aus dem Morgennebel herauskristallisieren.

VIELVÖLKERSTAAT EIN LAND MIT TAUSEND GESICHTERN

# INLE-SEE – WUNDERGLAUBE UND GEISTERBESCHWÖRUNG

Felder schwimmen hier auf dem Wasser, Dörfer stehen auf Stelzen, und die Fischer rudern akrobatisch mit den Beinen: Das ist die wundersame Welt des Inle-Sees, an dem Burma so sehr mit sich selbst im Reinen ist wie vielleicht nirgendwo sonst.

**OBEN UND VORHERGEHENDE DOPPELSEITE** Der Inle-See ist für seine Einbeinruderer berühmt. Nirgendwo sonst wird diese Fortbewegungstechnik praktiziert, die von den Fischern höchste Konzentration erfordert.

**RECHTS** Die Fischer beobachten die Hyazinthen, die den Seegrund bedecken. Ihre Bewegung hilft ihnen, Fische ausfindig zu machen, die sich zwischen den Blumen verstecken.

**LINKS OBEN** In vielen asiatischen Kulturen ist es verpönt, dass Frauen rauchen. Bei den Völkern am Inle-See ist das anders. Hier greifen Frauen wie diese Nonne ganz selbstverständlich zur Zigarre.

**LINKS UNTEN** Für Zigarren aus den Blättern des Cheroot-Baumes ist die Gegend rund um den Inle-See bekannt. Der Tabak wird mit Dufthölzern und Tamarinden aromatisiert.

**RECHTS** Siebzehn Stelzendörfer gibt es im nur zwei bis drei Meter tiefen Inle-See. Hier wohnt das Volk der Intha, dessen Name »Söhne des Sees« bedeutet.

**LINKS** Die Intha haben ein hochkomplexes Kultivierungssystem angelegt, um auf dem See zu überleben. Sie verflechten Wasserpflanzen miteinander und füllen sie anschließend mit Erde.

**OBEN** Dadurch entstehen schwimmende, von Kanälen durchzogene Felder, die mit Bambusstangen auf dem Seegrund verankert werden und nur mit dem Boot erreicht werden können. Hier pflückt ein Intha-Junge Seerosen.

INLE-SEE WUNDER, GLAUBE UND GEISTERBESCHWÖRUNG

LINKS Parkplatzprobleme der ganz besonderen Art: Wenn im Dorf Nyaung Shwe am Ufer des Inle-Sees Markttag ist, kommt es regelmäßig zu langen Bootsstaus auf dem Wasser.

OBEN Eine typische Marktszene am Inle-See: Bauern aus der Umgebung verkaufen ihre Ernte. Und die Natur beschenkt die Menschen hier großzügig mit ihren Schätzen.

**LINKS OBEN** Keine Spur von asiatischer Zurückhaltung: Diese Marktfrau am Inle-See preist lautstark ihre Waren an und benutzt dabei ein Blatt als Sonnenschutz.

**LINKS UNTEN** Ein Fischer mit Sonnenhut und Zigarette: Zwei Dutzend endemische Fischarten leben im zweitgrößten See Burmas, wobei vor allem auf Graskarpfen Jagd gemacht wird.

**RECHTS** Markttag am Inle-See: Aus den Bergen kommen die Bauern mit ihren Ochsenkarren, um Fische, Obst und Gemüse von den schwimmenden Feldern einzukaufen.

# Die vollkommene Harmonie zwischen See und Mensch

OBEN Wasserballett: Fischer beweisen eindrucksvoll ihr akrobatisches Talent.

Sie stehen auf einem Bein wie menschliche Flamingos, balancieren auf ihren schwankenden Booten wie Zirkusakrobaten und fallen wundersamerweise nicht ins Wasser. Stattdessen umschlingen sie mit dem anderen Bein ihr Ruder, um sich mit kräftigen Schlägen fortzubewegen. So haben sie beide Hände frei, um ihre Netze auswerfen und ihren Fang aus Graskarpfen oder Schlangenkopffischen einholen zu können. Nirgendwo sonst auf der Welt kann man eine solch eigenartige Rudertechnik bestaunen, nur hier, am Inle-See zwischen Rangun und Mandalay, sind die Fischer auch Artisten.

Auch sonst ist der Inle-See eine ganz eigene Welt: ein maritimes Reich auf der Hochebene des Shan-Landes, ein mystisches Meer mitten in den Bergen, 22 Kilometer lang, zehn Kilometer breit, gesäumt von Dörfern, deren Häuser oft auf Pfählen ins Wasser gebaut sind, umrahmt von den 2000 Meter hohen Shan-Bergen, deren Silhouette sich wie eine Fata Morgana im See spiegelt. Wenn man ein wenig Glück hat, wird man frühmorgens von den Gesängen der Mönche aus dem Kloster Nga Phe Kyaung geweckt, die über den See

OBEN Ein lächelnder Mönch im Kloster Yaunghwe Kyaung am Ufer des Inle-Sees.

RECHTS Die Instandhaltung der schwimmenden Felder ist so aufwändig wie mühsam.

hallen wie ein Chor aus Cherubinenstimmen. »Buddhan Saraneng Gitsami, Dhamman Saraneng Gitsami, Sangan Saraneng Gitsami« singen sie: »Ich bin vom Glauben an Buddha durchdrungen, vom Glauben an seine Lehre durchdrungen.« Und wenn man großes Glück hat, erlebt man im Herbst das Phaungdaw-Fest zu Ehren Buddhas. Dann wird seine Statue in einer farbenprächtigen Prozession auf einer Barke über den See gefahren, ein Bild von fast unwirklicher Schönheit.

Solche Szenen einer friedvollen Bukolik, einer Archaik wie aus prähistorischen Zeiten, kann man am Inle-See pausenlos erleben. Manchmal wähnt man sich sogar auf einer Zeitreise. Es ist, als habe sich die Moderne irgendwo auf dem Weg hinauf zum See verirrt und ihn nie erreicht. Hier gibt es immer noch schwimmende Märkte, die wie aus dem Nichts entstehen, wenn Kaufleute und Kunden aus aller Himmelsrichtungen mit ihren Kanus ohne vorherige Ankündigung auftauchen und ein Knäuel aus Booten und Menschen bilden. Und es gibt immer noch die schwimmenden Felder inmitten des drei Meter tiefen Sees. Sie sind Wunder des menschlichen Einfallsreichtums, die allerdings aus der Not entstanden: Da es am Seeufer nicht genügend Ackerland gibt und die Fischer autark sein wollen, haben sie Matten aus Wasserhyazinthen und Schilf geflochten, sie mit Bambuspfählen im Seegrund verankert und mit einer fruchtbaren Torfschicht bedeckt.

Am Inle-See fühlt man sich Burma ganz nah, vielleicht näher als irgendwo sonst – seinen Sitten, Riten und Gebräuchen, die das Land so unverwechselbar machen und manchmal so verstörend erscheinen lassen.

Auch hier wird mit unerklärlicher Leidenschaft die Betelnuss gekaut, die den Mund rot und die Zähne schwarz färbt. Die Burmesen finden nichts dabei und stellen überall Spucknäpfe auf. Manchen Ethnien wie den Akha oder den Ann gelten weiße Zähne sogar als hässlich, weswegen sie mit Holzkohle geschwärzt werden. Und wie im gesamten Land wird auch hier vor der Hochzeit im Haus des Bräutigams ein Hahn geschlachtet, im Haus der Braut hingegen ein Schwein. Danach darf im Zuhause der Braut nie wieder ein Hahn gebraten werden. Beim Bau eines Hauses wiederum wird traditionell ein Rind auf die Schlachtbank geführt – archaische Bräuche, die den Menschen nicht altertümlich, sondern selbstverständlich erscheinen.

Nicht nur am Inle-See, sondern noch in den hintersten Winkeln des Landes sieht man das Gold des einfachen Mannes, oder besser gesagt: der einfachen Frau. Es heißt Thanaka und wird aus der geriebenen, mit

INLE-SEE WUNDERGLAUBE UND GEISTERBESCHWÖRUNG 175

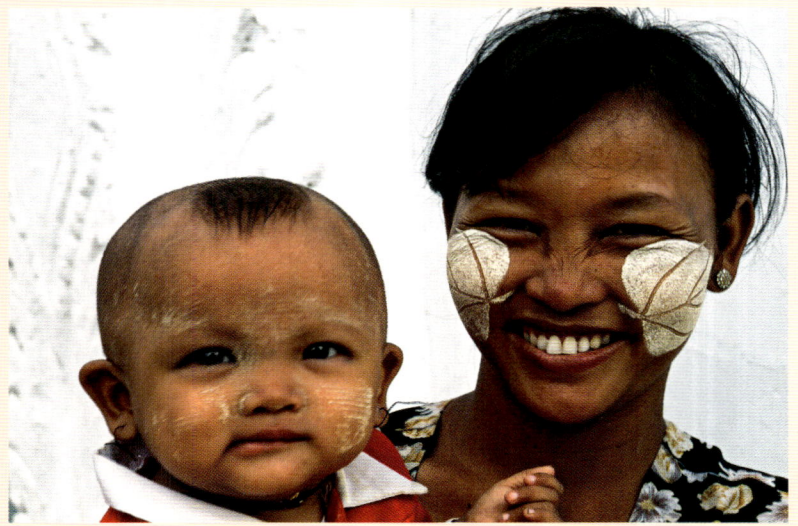

OBEN Schon die Gesichter der kleinsten Kinder werden mit Thanaka bemalt.

Wasser angerührten Rinde des Indischen Holzapfelbaumes hergestellt, einer Art Sandelholz. Fast jede Frau und fast jedes Mädchen in Burma reiben sich Thanaka ins Gesicht. Denn es gibt der Haut einen goldenen Glanz, schützt sie außerdem vor Sonnenlicht, bewahrt sie vor Alterung, sorgt für Kühlung und beugt Erkältungen vor. Diese goldenen Gesichter sind ein wunderbarer Anblick, allein schon deswegen, weil sie den Reisenden die Gewissheit geben, dass die globalen Kosmetikmarken doch noch nicht jeden Flecken des Planeten erobert und in Burma gegen die Rinde eines Apfelbaums keine Chance haben.

Selbst die derbsten Marktweiber tragen ein Antlitz aus Gold, diese Matronen, die vor Stapeln gepökelter Feldratten und Bergen halbverwester Fische hocken. Immer noch halbwegs intakt sind deren Köpfe und Schuppenleiber, die ein Jahr lang fermentiert wurden und die Grundlage einer fabelhaften Würzsauce bilden. Ihr Geschmack ist ebenso herzhaft wie das Lachen der Marktfrauen, die sich über die verschreckten Mienen der ausländischen Besucher amüsieren und ihnen schelmisch Kostproben anbieten. Die meisten Fremden verzichten dankend, lachen zurück und wundern sich darüber, dass diese Märkte keine anklagenden Zeugen der Armut Burmas sind, von der man so viel liest und hört, sondern die schönsten, farbenfrohesten Beweise seines Reichtums und der Fruchtbarkeit seiner Erde.

Wohl in keinem anderen Land in Asien – vielleicht mit Ausnahme des Himalaya-Königreichs Bhutan – sind Traditionen so fest verankert, in keinem werden die Rituale der Vergangenheit inbrünstiger gelebt als in Burma. So trägt man hier nicht nur selbstverständlich den Wickelrock Longyi, sondern hält auch das Wasserfest Thingyan in Ehren, das immer an drei Tagen im April gefeiert wird, dem heißesten Monat des Jahres. Es ist das größte Fest des Landes. Ganz Burma überschüttet sich dann gegenseitig mit Wasser. Man kippt es voller Übermut in Hemdkragen und Hosenbünde, in Autos und Hausfenster. Ein ganzes Land, ein ganzes Volk ist pitschnass und so voller kindlicher Freude, als habe es noch nie Leid und Unglück gesehen.

Es gibt aber auch eine kuriose Kehrseite des Traditionalismus und der Modernitätsverweigerung, die durch die jahrzehntelange Isolation Burmas noch verstärkt worden sind: den geradezu absurden Aberglauben, der das gesamte Leben der Menschen durchdringt und mit den seltsamsten Regeln bestimmt. So darf man sich niemals mittwochs die Haare waschen, weil sich an diesem Tag die Himmelsgeister treffen und gestört fühlen könnten. Auch darf man niemals die Haare waschen, wenn in der Nachbarschaft gerade eine Beerdigung stattgefunden hat – warum das so ist, weiß vermutlich niemand so genau. Strengstens verboten ist es außerdem, mit dem Longyi unter einer Wäscheleine hindurchzugehen, denn dadurch wird man willenlos.

Schweres Unglück wiederum bringt es, die Schuhe mit der Sohle nach oben zu deponieren oder einen zerbrochenen Spiegel im Haus aufzubewahren. Fast noch schlimmer ist es, sich nachts die Finger- oder Fußnägel zu schneiden, weil das die Geister in ihrem Schlaf stört; und wehe, man weckt sie, dann werden sie sehr unfreundlich. Niemals darf man mit der Schöpfkelle gegen den Topf schlagen, denn das ist so, als haue man den eigenen Eltern auf den Schädel. Niemals darf man die Topfdeckel gegeneinander knallen, sonst wird man von einem Tiger gefressen. Niemals sollte man Kinder an dunkle Orte mitnehmen, weil sie dann von bösen Geistern gestohlen werden. Sehr ratsam ist es hingegen, immer ein paar Elefantenhaare dabeizuhaben, denn sie sind die wirksamsten Talismane.

Ob die Zahl Neun eine Glücks- oder eine Unglückszahl ist, haben die Burmesen noch nicht abschließend geklärt, was das Leben nicht gerade einfacher macht. Für die Unglücksgläubigen ist es zum Beispiel nicht zu ertragen, wenn in einem Bus exakt neun Passagiere sitzen. Dann legen sie einen Stein auf einen Sitz, damit es zumindest symbolisch zehn Fahrgäste werden. Für die Glücksgläubigen, wie den rettungslos abergläubischen Ex-Präsidenten Ne Win, wiederum gibt es nichts Großartigeres als die Zahl Neun. Und so ließ der Staatschef extra Banknoten zu 45 und 90 Kyat einführen, weil ihm die 50er- und 100er-Noten nicht geheuer waren.

Die Astrologie spielt im Leben aller Burmesen eine herausragende Rolle. Keine Entscheidung wird getroffen, ohne vorher einen Handleser, Sternendeuter, Wahrsager, Zahlenmystiker, Karmalehrer oder Alchimisten zu konsultieren – ganz gleich, ob es sich um eine Alltagsangelegenheit oder eine Staatsaffäre handelt. Außerdem haben die Astrologen jeden Tag der Woche einem Tier zugeordnet, das bei der Geburt und Charakterbildung des jungen Menschen eine entscheidende Rolle spielt. Der Montag gehört dem Tiger, der Dienstag dem Löwen, der Mittwochvormittag dem Elefanten und der Nachmittag dem Meerschweinchen. Der Donnerstag ist für die Maus reserviert, der Freitag für den Hasen, der

UNTEN Reiche Ernte und Hoffen auf gute Geschäfte: eine Ananas-Verkäuferin am Inle-See.

INLE-SEE WUNDERGLAUBE UND GEISTERBESCHWÖRUNG 177

Samstag für den Drachen. Und der Sonntag ist der Tag des Garuda, eines mythischen, halb mensch-, halb adlergestaltigen Reittiers. Auch bei der Eheschließung überlässt man nichts dem Zufall. So gibt es auf dem Tempelberg von Mandalay zwei steinerne Kobraköpfe, zwischen denen sich junge Frauen fotografieren lassen – in der Hoffnung auf einen Märchenprinzen als Ehemann. Und schließlich kann es nie schaden, die Asche erleuchteter und ins Nirwana eingetretener Mönche im Haus zu haben. Sie ist leicht zu erkennen, denn sie bleibt nicht grau, sondern wird farbig und vermehrt sich auch noch.

Der Geisterglaube ist kein neues Phänomen. Er zieht sich wie ein roter Faden durch die Geschichte Burmas. So wird berichtet, dass König Naungdawgyi einst Krieg gegen Thailand führte. Er schickte eine Armee nach Chiang Mai, wobei ein Offizier auf dem Weg starb. Sein Geist flog zum König und bat ihn um eine Anstellung bei Hofe. Der König erfüllte ihm den Wunsch. Unterdessen geriet der Feldzug gegen die Thailänder ins Stocken. Der König sandte Boten, die lange nicht zurückkamen. Daraufhin verlor er die Geduld und bat den Geist, nach dem Rechten zu sehen. Dieser flog in Windeseile nach Chiang Mai, kam ebenso schnell zurück und erstattete dem Herrscher einen detaillierten Bericht. Kurz danach trafen auch die Boten am Königshof ein und bestätigten alles, was der Geist gesagt hatte. Daraufhin ehrte ihn König Naungdawgyi vor dem versammelten Hofstaat und ließ an der Säule im Palast, in der der treu dienende Geist wohnte, eine goldene Plakette mit dem Ehrentitel »Dämon der eiligen Depesche« anbringen.

Dämonen sind nicht nur in der Geschichte und in Königspalästen, sondern auch in der Gegenwart und im Leben der einfachen Leute allgegenwärtig. Sie heißen Nats, stammen aus der animistischen Glaubenstradition und konnten auch vom Buddhismus nicht ausgerottet werden. Also beschloss König Anawrahta, der Gründer des ersten burmesischen Königreichs, kurzerhand 37 Nats zum Gefolge Buddhas zu erklären. Die wichtigsten Geister sind Thagyamin, der König der Nats, der dem hinduistischen Gott Indra ähnelt und meist mit einem dreiköpfigen weißen Elefanten als Reittier dargestellt wird. Der Nat Mahagiri wiederum war so stark, dass er den Stoßzahn eines Elefanten mit bloßen Händen brechen konnte – und aus diesem Grund von

UNTEN Heiliges Ritual: Den Nats werden zur Besänftigung Opfergaben dargebracht.

OBEN Geist in Menschengestalt: die Figur eines Nat auf dem Berg Popa.

UNTEN Gleich neben dem tausend Meter hohen Vulkan liegt dieser Felsen, den die Bevölkerung als Mount Popa bezeichnet.

seinem eigenen König bei lebendigem Leib verbrannt wurde, weil sich dieser vor der Stärke Mahagiris fürchtete. Thonbanhla, ein weiblicher Nat und im richtigen Leben eine sterbensschöne Frau, sollte den König von Pyay heiraten. Dessen Hauptfrau war aber so eifersüchtig, dass sie ihrem Gatten erzählte, Thonbanhla sei unfassbar dick, sodass sie nicht einmal durchs Stadttor passe. Die Hochzeit wurde abgeblasen, und die Verschmähte starb aus Gram.

Solche tragischen Schicksale stecken hinter allen Nats, dieser Geistergemeinschaft der Ermordeten, Hingerichteten, von der Malaria Dahingerafften. Htibyusaung, der Herr des weißen Schirms, hat ebenso viel Schlimmes erlebt wie Htibyusaung Medaw, die Herrin des weißen Schirms, Shin Nemi, die kleine Dame mit der Flöte, Anauk Mibaya, die Königin des westlichen Palastes, Aung Zawmagyi, der Herr des weißen Pferdes, oder Ngazishin, der Herr der fünf weißen Elefanten. Und da alle Nats einer ungerechten Tod gestorben sind, geistern sie seither als übellaunige Wesen durch den Alltag der Burmesen und wollen pausenlos mit Blumen, Geld oder Essen besänftigt werden. Sonst machen sie den Menschen das Leben zur Hölle. Deswegen bringen die Burmesen ihren Nats nicht nur jeden Tag kleine Opfergaben dar, sondern befragen auch permanent Wahrsager, um sich über die gegenwärtige Laune der Plagegeister zu informieren.

Im ganzen Land stößt man auf Nat-Schreine, in jedem Haus gibt es einen Nat-Altar. Nats wohnen auch gerne in mächtigen Feigenbäumen, und oft sieht man an ihren Stämmen ein Schild, auf dem das Fällen bei Gefängnisstrafe verboten wird. So schützt die Regierung die Geister, als seien sie Staatsangehörige wie alle anderen Burmesen auch. Doch die wichtigste Wohnstatt der Nats, ihr Olymp, ist ein erloschener Vulkan, der Berg Popa bei Bagan, der von Affen bewacht und als heiligster Berg Burmas verehrt wird. Zu Tausenden pilgern die Menschen zum Berg Popa, doch niemals in schwarzer oder roter Kleidung. Denn das – der Aberglaube ist hier wirklich allmächtig – bringt großes Unglück.

INLE-SEE WUNDERGLAUBE UND GEISTERBESCHWÖRUNG

**LINKS OBEN** Man sagt, dass das Volk der Intha, die hervorragende Bootsbauer sind, nicht auf, sondern mit dem Inle-See lebt – so eng ist die Verbindung zwischen den Menschen und ihrem Gewässer.

**LINKS UNTEN** Die Kunst des Bootsbaus haben sie perfektioniert, seit sie im 18. Jahrhundert ihre alte Heimat an der thailändisch-burmesischen Grenze verließen.

**RECHTS** Sie ließen sich am Inle-See in Zentral-Burma nieder, und da der Siedlungsraum am Ufer knapp war, zogen sie kurzerhand aufs Wasser und errichteten dort Stelzendörfer.

**INLE-SEE** WUNDERGLAUBE UND GEISTERBESCHWÖRUNG

LINKS Etwa 70 000 Intha, die zu den tibetoburmesischen Ethnien gehören, leben rund um den Inle-See – oder direkt auf ihm in typischen Stelzenhäusern wie diesem.

OBEN Die Intha sind nicht nur versierte Fischer und Bauern, sondern auch begabte Kunsthandwerker. So gehört die Herstellung von Schmuck seit jeher zu ihrer Kultur.

INLE-SEE WUNDERGLAUBE UND GEISTERBESCHWÖRUNG

**LINKS** Das Kloster Yaunghwe Kyaung am Inle-See wurde ganz aus Holz gebaut. Besonders auffällig an dem Sakralbau nahe der Stadt Nyaung Shwe sind seine Bogenfenster.

**RECHTS OBEN** Essenszeit in einem Speisesaal der Stadt Nyaung Shwe, wo die jungen Mönche und Novizen während ihrer Prüfung versorgt werden.

**RECHTS UNTEN** Jedes Jahr müssen Mönche und Novizen eine Prüfung über ihre Kenntnisse des Buddhismus ablegen. Auf drei Tage mit schriftlichen Arbeiten folgen drei Tage mündlicher Examen.

**LINKS** Das Lernen ist eine der wichtigsten Grundpfeiler der Ausbildung in den buddhistischen Klöstern, wobei die Jüngeren immer von den Älteren in der Lehre des Erleuchteten unterwiesen werden.

**UNTEN** Früher war das Kloster Nga Phe Kyaung für seine dressierten Katzen berühmt. Jetzt sind ihre Kunststückchen verboten, weil die Menschen allein wegen des Glaubens hierher finden sollen.

INLE-SEE WUNDERGLAUBE UND GEISTERBESCHWÖRUNG 187

OBEN Für burmesische Familien ist es wichtig, dass mindestens ein Mitglied die Mönchskutte trägt. Oft werden die Jüngsten ins Kloster geschickt.

RECHTS Keine rituelle Waschung, sondern nur ein erfrischendes Bad: Novizen verschaffen sich Abkühlung in der tropischen Hitze Burmas, beobachtet von ihren Mitbrüdern.

FOLGENDE DOPPELSEITE Abendstimmung am Inle-See mit Einbeinruderer.

INLE-SEE WUNDERGLAUBE UND GEISTERBESCHWÖRUNG

Deutsche Originalausgabe
Copyright © 20´5 von dem Knesebeck GmbH & Co. Verlag KG, München
E n Unternehmen der La Martinière Groupe
Alle Abbildungen außer den im folgenden genannten © Dirk Bleyer
Die Bilder der Seiten 2, 16, 18 links oben, 19, 23 oben, 24, 28 oben, 29, 35, 36, 56, 57, 62,
63 unten, 69 unten, 72, 76, 88, 98, 117 unten, 119 oben, 129 oben, 139, 140 oben, 143 oben,
144, 146, 147 oben, 151 unten, 153, 158, 159 oben, 161, 164 oben, 165, 175 oben, 179 oben
© Aneta Szydłak-Bleyer.

GESTALTUNG: Leonore Höfer, Knesebeck Verlag
SATZ: satz & repro Grieb, München
GESAMTHERSTELLUNG UND DRUCK:
Lösch MedienManufaktur GmbH & Co. KG, Waiblingen
Printed in Germany

ISBN 978-3-86873-793-6
Alle Rechte vorbehalten, auch auszugsweise.

www.knesebeck-verlag.de

ABBILDUNGEN:
Schmutztitel: Der Mahamuni-Buddha in Mandalay;
Frontispiz: Überwucherte Tempelruinen verbergen sich im Dschungel von
Mrauk U im Westen Burmas;
Gegenüber dem Inhaltsverzeichnis: Die U-Bein-Brücke,
die längste Teakholzbrücke der Welt, nahe der Stadt Amarapura;
Impressum: Fuß einer Buddha-Statue im
Thannoddhay-Tempel in Monywa.